YASER FAWAZ
LIONEL BRUNIE

Composition de Services dans l'Environnement Pervasif

YASER FAWAZ
LIONEL BRUNIE

Composition de Services dans l'Environnement Pervasif

Composition et Exécution Contextualisées de Services pour l'Adaptation et le Transfert de Données dans des Réseaux Mobiles Spontanés (MANETs)

Éditions universitaires européennes

Mentions légales/ Imprint (applicable pour l'Allemagne seulement/ only for Germany)

Information bibliographique publiée par la Deutsche Nationalbibliothek: La Deutsche Nationalbibliothek inscrit cette publication à la Deutsche Nationalbibliografie; des données bibliographiques détaillées sont disponibles sur internet à l'adresse http://dnb.d-nb.de.

Toutes marques et noms de produits mentionnés dans ce livre demeurent sous la protection des marques, des marques déposées et des brevets, et sont des marques ou des marques déposées de leurs détenteurs respectifs. L'utilisation des marques, noms de produits, noms communs, noms commerciaux, descriptions de produits, etc, même sans qu'ils soient mentionnés de façon particulière dans ce livre ne signifie en aucune façon que ces noms peuvent être utilisés sans restriction à l'égard de la législation pour la protection des marques et des marques déposées et pourraient donc être utilisés par quiconque.

Photo de la couverture: www.ingimage.com

Editeur: Éditions universitaires européennes est une marque déposée de Südwestdeutscher Verlag für Hochschulschriften GmbH & Co. KG
Dudweiler Landstr. 99, 66123 Sarrebruck, Allemagne
Téléphone +49 681 37 20 271-1, Fax +49 681 37 20 271-0
Email: info@editions-ue.com
Agréé: Lyon, INSA, thèse de doctorat, 2010

Produit en Allemagne:
Schaltungsdienst Lange o.H.G., Berlin
Books on Demand GmbH, Norderstedt
Reha GmbH, Saarbrücken
Amazon Distribution GmbH, Leipzig
ISBN: 978-613-1-54940-3

Imprint (only for USA, GB)

Bibliographic information published by the Deutsche Nationalbibliothek: The Deutsche Nationalbibliothek lists this publication in the Deutsche Nationalbibliografie; detailed bibliographic data are available in the Internet at http://dnb.d-nb.de.

Any brand names and product names mentioned in this book are subject to trademark, brand or patent protection and are trademarks or registered trademarks of their respective holders. The use of brand names, product names, common names, trade names, product descriptions etc. even without a particular marking in this works is in no way to be construed to mean that such names may be regarded as unrestricted in respect of trademark and brand protection legislation and could thus be used by anyone.

Cover image: www.ingimage.com

Publisher: Éditions universitaires européennes is an imprint of the publishing house Südwestdeutscher Verlag für Hochschulschriften GmbH & Co. KG
Dudweiler Landstr. 99, 66123 Saarbrücken, Germany
Phone +49 681 37 20 271-1, Fax +49 681 37 20 271-0
Email: info@editions-ue.com

Printed in the U.S.A.
Printed in the U.K. by (see last page)
ISBN: 978-613-1-54940-3

YASER FAWAZ, Docteur en Informatique, Spécialité Réseaux Mobiles, Enseignant à l'Université d'Alep- Syrie

LIONEL BRUNIE, Professeur en Informatique, INSA de Lyon, France

Résumé

Les progrès considérables intervenus dans l'informatique mobile et les technologies de communication sans fil ont récemment conduit au développement des environnements informatiques pervasifs sans infrastructure tels que les réseaux mobiles spontanés (MANETs). Ce type d'environnement soulève de nouveaux défis quant à l'exécution d'applications dirigées par les données[1] en raison des contraintes suivantes: (i) un MANET est créé dynamiquement sans aucune infrastructure prédéfinie, et donc il n'existe pas de serveur centralisé dédié au traitement des requêtes des utilisateurs; (ii) dans un MANET, les dispositifs (par exemple, des PDA ou des Smartphones) ont des capacités limitées en termes de vitesse de processeur, de taille mémoire et de puissance de batterie; (iii) la connectivité dans un MANET n'est pas garantie car les dispositifs sont très mobiles, ils peuvent apparaître, disparaître et réapparaître.

Par conséquent, afin d'exécuter des applications dirigées par les données dans un MANET, les dispositifs impliqués doivent collaborer les uns avec les autres en offrant leurs services et plates-formes. De ce fait, la composition de services est considérée comme une composante essentielle pour permettre l'exécution de ces applications dans un MANET. La composition de services vise à créer de nouvelles fonctionnalités en composant plusieurs services. Par exemple, pour transformer un texte français en flux audio italien, on a besoin de la composition d'un service de traduction et d'un service de conversion du texte en audio. La composition de plusieurs services forme ainsi un nouveau service appelé service composite.

Quelques travaux de recherche ont développé des architectures distribuées pour la composition de services dans un environnement mobile spontané. Toutefois, aucune de ces architectures ne satisfait toutes les défis posées par la composition et l'exécution de services dans un MANET: absence d'infrastructure, prise en compte de la mobilité, sensibilité au contexte, usage efficace du réseau et tolérance aux fautes.

Dans ce livre, nous proposons un nouveau middleware appelé ConAMi (**Con**text-**A**ware service composition and execution **Mi**ddleware) qui réponde aux limites des approches existantes. Le middleware ConAMi permet aux dispositifs dans un MANET de collaborer les uns avec les autres afin d'exécuter des applications dirigées par les données d'une manière efficace et fiable.

---

[1] Dans ce travail, une application dirigée par les données est représentée par un ensemble de tâches (appelé aussi flux de tâches) à effectuer sur les données d'entrée afin de satisfaire les besoins des utilisateurs.

1

Le défi principal abordé dans ce travail est la détermination de la composition optimale de services car plusieurs compositions de services peuvent offrir la même fonctionnalité pour exécuter un flux de tâches donné. Ce défi est abordé via le développement d'un algorithme qui organise les services dans ce que nous appelons un arbre de composition de services. Cet arbre représente les meilleures compositions de services qui peuvent exécuter le flux de tâches requis. Les critères principaux considérés pour déterminer la composition optimale de services sont le "Time-To-Leave" (TTL) du service et le temps d'exécution global qui comprend le temps de transfert de données et le temps d'exécution des services.

L'exécution du flux de tâches peut échouer facilement en raison de la mobilité des dispositifs impliqués dans les MANETs. Pour assurer une exécution fiable du flux de tâches, le TTL du service est considéré lors de la détermination de la composition optimale de services. Néanmoins, le TTL ne peut pas donner une garantie d'absence d'erreurs car il est fondé sur une estimation. En outre, l'exécution du flux de tâches peut aussi échouer en raison d'autres types d'erreurs comme l'arrêt du dispositif, la perturbation du réseau, l'échec d'un service, etc. En conséquence, le middleware ConAMi inclut des mécanismes originaux de détection et de récupération d'erreurs.

Pour démontrer la faisabilité du middleware ConAMi, nous l'avons appliqué à l'adaptation de contenus. Ainsi, des dispositifs équipées de ConAMi permettent à l'utilisateur de recevoir des données dans le format qui lui convient le mieux en fonction d'informations contextuelles (par exemple, les préférences de l'utilisateur, la bande passante du réseau, la capacité des dispositifs).

Nous avons développé un prototype pour mettre en œuvre le middleware ConAMi et évaluer ses performances. Les résultats des expériences montrent que le middleware ConAMi a de meilleures performances que les approches similaires. ConAMi garantit l'efficacité, la fiabilité et l'équilibrage de la charge des dispositifs. En conséquence, le middleware proposé apparaît comme une solution appropriée pour la composition et l'exécution de services dans des environnements pervasifs spontanés et sans infrastructure tels que les MANETs.

Mots-clés: Informatique pervasive, Informatique sensible au contexte, MANET, Composition de services, Protocole d'exécution de services, Récupération d'erreurs, Adaptation et transfert de contenus.

Abstract

Significant advancements in mobile computing and wireless communication technologies have recently led to the growth of infrastructure-less pervasive computing environments such as mobile ad-hoc networks (MANETs). These environments raise challenging research issues about the execution of data-driven applications[2] because of the following constraints: (i) a MANET is created on-the-fly without any predefined infrastructure, so there does not exist any dedicated centralized server for processing user's requests; (ii) in a MANET, devices (e.g., PDAs, Smartphones) have limited capabilities in terms of CPU processing speed, memory size and battery power; (iii) the connectivity in a MANET is not guaranteed since devices are highly mobile; they can appear, disappear and reappear as the time goes.

Consequently, in order to execute data-driven applications in a MANET, devices should collaborate with each other by offering their services and computing platforms. Hence, service composition is considered as the key technology to enable data-driven applications in a MANET. Service composition aims to create new functionalities by composing several services. For example, to transform French text into audio in Italian, we need the composition of a language translation service and a text to audio conversion service. The composition of multiple services is also called a composite service.

Few research works developed distributed architectures for service composition in a mobile ad-hoc environment. However, none of these architectures satisfies all the requirements posed by service composition and execution in a MANET, c'est-à-dire, infrastructure-less support, mobility support, context-awareness, efficient usage of network, and fault tolerance.

In this thesis, we propose a novel middleware called ConAMi (**Con**text-**A**ware service composition and execution **Mi**ddleware) that tackles the limits of the existing approaches. The ConAMi middleware allows devices in a MANET to collaborate with each other in order to efficiently and reliably execute data-driven applications such as content adaptation.

The principal challenge addressed in this thesis is determining the optimal service composition plan (also called the optimal composite service) since several service compositions can provide the same functionality to execute a given task-flow. This challenge is tackled by developing an algorithm that arranges services in a tree called a service composition tree. This tree represents the best service composition plans that can carry out the required task-flow. The main criteria considered to optimize the service composition plan are the Time-to-Leave (TTL) of a service

---

[2] In this work, a data-driven application is represented as a set of tasks (also called a task-flow) to be applied on input data in order to satisfy user's needs.

3

and the global execution time, which consists of the data transfer time, and the service execution time.

Execution of a task-flow can fail easily due to the mobility of devices in MANETs. To ensure a reliable execution of the task-flow, the TTL of a service is considered in our service composition algorithm. Nevertheless, the TTL can not give a guarantee of not occurring of faults since it is based on an estimation. Moreover, a task-flow execution may also fail due to other kinds of faults like device switch off, network disruption, service execution failure, etc. As a consequence, the ConAMi middleware includes novel mechanisms for fault detection and recovery.

To demonstrate the feasibility of the ConAMi middleware, we have applied it on content adaptation. Hence, ConAMi-powered devices allow user to receive data in the format that fits well with the contextual information (e.g., user's preferences, device capabilities, network bandwidth).

We have developed a prototype to implement the ConAMi middleware and to evaluate its performance. The results of the experiments show that the ConAMi middleware has good performance. ConAMi ensures efficiency, reliability, and devices load balancing. As a result, the proposed middleware appears as an appropriate solution for service composition and execution in infrastructure-less based pervasive computing environments such as MANETs.

Keywords: Pervasive Computing, Context-Aware Computing, MANET, Service Composition, Service Execution Protocol, Fault Recovery, Content Adaptation and Delivery.

4

Table des Matières

Liste des Figures

Liste des Tableaux

1.1. Introduction

Les progrès de l'informatique mobile et des technologies de communication sans fil nous rapprochent de la réalisation de la vision de Mark Weiser qui stipule: "*Les technologies les plus profondes sont celles qui disparaissent. Elles se fondent dans le tissu de la vie quotidienne jusqu'à ce qu'elles se confondent avec elle.*" [2]. L'essence de la vision de Weiser est la création d'environnements saturés de capacités de calcul et de communication, et cependant parfaitement intégrés avec les utilisateurs. Ce type d'environnement est ce en quoi consiste l'informatique ubiquitaire ou pervasive.

L'informatique pervasive représente une étape d'évolution majeure dans une ligne de travaux de recherche remontant au milieu des années 1970. La Figure. 1 montre le flux de la chaîne de l'évolution de l'informatique centralisée à l'informatique pervasive [3], [4]. Il y a de nouveaux problèmes de recherche introduits par l'informatique pervasive. Ces problèmes sont liés à la sensibilité au contexte et aux réseaux ad-hoc.

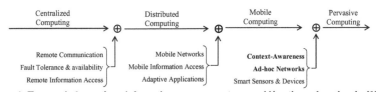

Figure. 1: Taxonomie des systèmes informatiques par rapport aux problématiques de recherche [1], [2]

Le terme "*sensibilité au contexte*" a été défini et utilisé pour la première fois par Schilit et al. [5] pour décrire les applications qui "*s'adaptent selon le lieu d'utilisation, l'ensemble des personnes proches et des objets, ainsi que les modifications apportées à ces objets au fil du temps*". D' après cette définition et d'après nos observations quant à cette nouvelle vision de l'informatique, l'exécution d'applications dans l'informatique pervasive devrait utiliser l'information contextuelle, qui est liée à des entités représentant un environnement informatique pervasif comme l'utilisateur, le dispositif, et le réseau.

Relativement à la notion *ad-hoc*, les environnements informatiques pervasifs sont classés en deux catégories: (i) les environnements à base d'infrastructure; et (ii) les environnements sans infrastructure ou les environnements ad-hoc. Les premiers se réfèrent aux environnements qui ont des infrastructures prédéfinies. En outre, dans ces environnements, les dispositifs sont connectés les uns aux autres en utilisant des canaux de communication fiables et ayant de larges bandes passantes. En revanche, dans les environnements pervasifs sans infrastructure tels que les

11

réseaux ad-hoc mobiles (MANETs[3]), les dispositifs mobiles communiquent les uns avec les autres grâce aux technologies de communication sans fil et sans aucune infrastructure préexistante.

Le manuscrit est organisé comme suit. Nous présentons la motivation et l'objectif de notre travail dans les sections 1.2 et 1.3 respectivement. Dans la section 1.4, nous expliquons les exigences posées par la composition et l'exécution de services dans un MANET. L'état de l'art dans le domaine de la composition de services est présenté dans la section 1.5. Dans la section 1.6, nous décrivons l'architecture du middleware ConAMi. Section 1.7 présent les descriptions de services et de contexte dans ConAMi. La composition de services, l'exécution de services, la surveillance de services et la tolérance aux pannes sont présentées dans les sections 1.8, 1.9, 1.10 respectivement. Dans la section 1.11, nous présentons l'adaptation et le transfert de contenus dans les MANETs. La conclusion et les perspectives sont illustrées dans la section 1.12.

1.2. Motivation

Pour illustrer l'objectif de ce travail, nous présentons le scénario suivant.

"..., considérons l'équipe de recherche DRIM (Distribution et Recherche d'Information Multimédia) à l'INSA de Lyon dans lequel Pascal, un doctorant français, et d'autres membres de recherche sont impliqués. Outre des réunions régulières entre les doctorants et les professeurs, des réunions informelles et des discussions spontanées sont importantes pour l'avancement de leurs travaux. Pascal est généralement chargé d'établir les comptes-rendus des réunions.

Chaque week-end, Pascal et ses collègues font des réunions dans un parc pendant le printemps, et dans un restaurant pendant l'hiver. Tous les participants ont des dispositifs de calcul tels que PDA, Ordinateur Portable et Smartphones. Ils peuvent échanger des informations à la volée en utilisant un réseau mobile ad-hoc (MANET).

Carlo, un nouveau doctorant, demande Pascal le compte-rendu de la réunion précédente qui est rédigé en français. Carlo, cependant, n'est pas à l'aise avec le français. En outre, il préfère recevoir un résumé du compte-rendu en format audio. Pour envoyer le compte-rendu à Carlo

---

[3] Nous utilisons principalement le terme MANETs pour décrire les environnements informatiques pervasifs sans infrastructure.

dans le format approprié, trois tâches doivent être appliqués sur le compte-rendu: résumé, traduction et conversion du texte à l'audio,... ".

Comme le suggère le scénario, une application dirigée par les données telle que l'adaptation de contenus est représentée comme un ensemble de tâches (que l'on peut appeler aussi un flux de tâches) à appliquer sur des données d'entrée afin de satisfaire aux besoins de l'utilisateur; où une tâche est un service abstrait qui peut être exécuté en utilisant plusieurs services concrets distribués dans l'environnement.

Dans ce travail, notre recherche se concentre sur l'exécution des applications dirigées par les données dans les environnements informatiques sans infrastructure tels que les MANETs. Dans ce type d'environnements, nous ne pouvons pas supposer l'existence d'une machine puissante dédiée qui peut exécuter des applications dirigées par les données. En outre, dans ces environnements, les dispositifs de calcul ont des capacités limitées en termes de vitesse de processeur, de taille mémoire et de batterie. Par conséquent, afin d'exécuter des applications dirigées par les données dans les MANETs, des dispositifs de calcul doivent collaborer les uns avec les autres en offrant leurs services et leurs plates-formes de calcul.

La composition de services est considérée comme la technologie principale qui permet l'exécution des applications dirigées par les données dans un MANET. En effet, la composition de services vise à créer de nouvelles fonctionnalités en utilisant plusieurs services. Par exemple, pour transformer un texte français en audio en italien, nous avons besoin de la composition d'un service de traduction et d'un service de conversion du texte au audio. La composition de plusieurs services est aussi appelé un service composite [7].

Ce travail est motivé par la nécessité d'une approche qui permette d'exécuter des applications dirigées par les données dans un MANET. Nous proposons que les dispositifs dans un MANET implémentent un middleware pair-à-pair de composition et d'exécution contextualisées de services appelé ConAMi (**Con**text-**A**ware service composition and execution **Middleware**) [23].

1.3. Objectif

L'objectif principal de ce travail est de composer et d'exécuter des services de manière efficace afin de permettre aux dispositifs dans des environnements informatiques pervasifs sans infrastructure tels que les réseaux mobiles spontanés (MANETs) d'exécuter des applications dirigées par les données (par exemple, l'adaptation de contenus). Plus précisément, nous visons à atteindre les objectifs suivants :

- Proposer un protocole qui permet l'élection d'un dispositif compétent pour gérer la composition et l'exécution de services.

- Proposer une stratégie de composition de services qui produit le service composite optimal en termes de temps d'exécution afin d'exécuter le flux de tâches requis.

- Proposer un protocole d'exécution de services qui utilise la bande passante du réseau de manière efficace.

- Proposer des mécanismes de tolérance aux pannes pour assurer la bonne exécution du service composite.

- Proposer une approche qui permet de générer un flux de tâches spécifique pour l'adaptation de contenus.

1.4. Exigences

La composition et l'exécution de services dans les MANETs doivent satisfaire les exigences suivantes :

✓ **Infrastructure-less Support:** un MANET est créé à la volée, n'importe quand et n'importe où, et sans aucune infrastructure prédéfinie. Il ne peut présupposer l'existence d'une machine centralisée puissante qui gère la composition et l'exécution de services. Par conséquent, la composition et l'exécution de services dans un MANET devraient être auto-organisées de telle sorte que n'importe quel dispositif peut effectuer ces processus. Toutefois, certains dispositifs dans l'environnement peuvent ne pas avoir les capacités à gérer la composition et l'exécution de services, ainsi un autre dispositif compétent dans le voisinage doit être délégué pour effectuer ces processus. Un système idéal de composition et d'exécution de services pour le MANET devrait appliquer au moment de l'exécution un mécanisme pour élire un dispositif appelé *contractor peer* qui gère la composition et l'exécution de services.

15

✓ *Mobility Support:* des dispositifs dans un MANET sont très mobiles, ils apparaissent, disparaissent, réapparaissent dans les voisinages d'une manière spontanée. La considération du temps dont les dispositifs resteront à proximité peut maximiser la probabilité de l'exécution réussie de services composites. Par conséquent, un système idéal de composition et d'exécution de services dans un MANET devrait prendre en considération la mobilité des dispositifs pour exécuter des services composites avec une grande fiabilité.

✓ *Context-Awareness:* afin d'augmenter l'efficacité de l'approche de composition et d'exécution de services, le contexte du dispositif (par exemple, la vitesse du CPU, la disponibilité du CPU) et le contexte du réseau (par exemple, la bande passante) doivent être considérés lors de la composition et l'exécution de services dans un MANET.

En outre, dans certaines applications comme l'adaptation de contenus, l'information contextuelle, qui est liée au dispositif, le réseau, l'utilisateur, et la localisation, est utilisée pour déterminer les tâches requises pour réaliser l'adaptation de contenus. Toutefois, la communication du contexte des utilisateurs (par exemple, les préférences, la localisation) et le contexte des dispositifs (par exemple, la taille de l'écran) soulève les questions de la sécurité et de l'intimité. Ainsi, les pairs participent à la composition et l'exécution de services doivent se faire mutuellement confiance.

✓ *Efficient Usage of Network:* des dispositifs dans un MANET communiquent entre eux via des technologies de communication sans fil (par exemple, Bluetooth et WiFi) qui ont une bande passante limitée. Pour cette raison, un système idéal de composition et d'exécution de services dans un MANET devrait exploiter efficacement la bande passante du réseau.

✓ *Fault Tolerance:* l'exécution de services composites dans un MANET peut échouer très facilement en raison de plusieurs causes telles que la rupture du réseau, l'échec d'exécution du service, etc Par conséquent, afin d'assurer l'exécution de services composites avec succès, des mécanismes de la surveillance de services, la détection et la récupération d'erreurs sont nécessaires.

1.5. L'état de l'art

Comme nous avons illustré dans la section 1.1, les environnements informatiques pervasifs sont classés en deux catégories: (i) les environnements à base d'infrastructure; et (ii) les environnements sans infrastructure ou les environnements ad-hoc. Dans la suite, nous allons citer quelques approches de composition de services dans les deux types d'environnement, et nous allons analyser ces approches en ce qui concerne les exigences suivantes (cf., section 1.4) : *infrastructure-less support, mobility support, context-awareness*, et *fault tolerance*.

1.5.1. Composition de services dans des environments à base d'infrastructure

Plusieurs approches de composition de services (par exemple, eFlow [9], METEOR-S [12], Ninja [8] et DCAF [13]) ont été développées pour permettre la composition de services dans des environnements à base d'infrastructure.

Comme les approches ci-dessus utilisent une machine dédiée pour gérer et coordonner la composition et l'exécution de services, elles ne répondent pas à l'exigence "*infrastructure-less support*".

Toutes les approches considèrent que les services sont hébergés par des machines fixes. Elles ne considèrent pas le temps que les dispositifs soient disponibles dans l'environnement ; ainsi, l'exigence "*mobility support*" n'est pas satisfaite par ces approches.

Toutes les approches ci-dessus, sauf DCAF ne répondent pas à l'exigence "*context-awareness*". Dans l'approche DCAF, la génération des tâches d'adaptation est effectuée en fonction de l'information contextuelle liée aux préférences de l'utilisateur, les capacités du dispositif et la bande passante du réseau. Cependant, l'information contextuelle n'est pas considérée lors de la sélection de services.

Seules les approches de Ninja et eFlow sont tolérants aux pannes. Dans ces approches, cependant, une machine centralisée est responsable de la détection et la récupération d'erreurs. Par conséquent, elles sont sujettes à point central de l'échec.

Pour conclure, toutes les approches de composition de services ci-dessus sont conçues pour composer des services dans des environnements à base d'infrastructure. Elles utilisent un server/proxy dédiés pour gérer et coordonner la composition et l'exécution de services. Dans un MANET, le fait de trouver un dispositif dédié qui agit en tant que server/proxy n'est pas possible.

En outre, dans ces approches, la mobilité des dispositifs, qui est la caractéristique principale du MANET, n'est pas pris en considération lors de la sélection de services.

1.5.2. Composition de services dans des environments sans infrastructure

Un nombre important de travaux de recherche sur des environnements informatiques pervasifs sans infrastructure tels que les réseaux mobiles spontanés (MANETs) focalisent sur les protocoles de découverte de services [14], [15] et les protocoles de routage [16], [17]. Cependant, à notre connaissance, la question de la composition de services a reçu seulement un peu d'attention dans la littérature. BDSCP [7], [18], HTGA [19], [20], FTSCP [21], et MoSCA [10], [22] sont les architectures proposées afin de permettre la composition de services dans un MANET.

Dans le Tableau 1, nous analysons les approches de composition de services ci-dessus en ce qui concerne aux exigences décrites dans la section 1.4.

Aucune de ces approches ne présuppose l'existence d'une machine dédiée pour gérer et coordonner la composition et l'exécution de services, elles, par conséquent, satisfont le critère *"Infrastructure-less Support"*. Dans l'approche BDSCP, un dispositif compétent dans le voisinage est élu pour gérer et coordonner la composition et l'exécution de services. Ainsi, cette approche répond parfaitement au critère mentionné. Dans les approches HTGA, FTSCP, et MoSCA, la composition et l'exécution de services sont gérés par le *requester peer*. Dans ces approches, le critère *"Infrastructure-less Support"* n'est pas pleinement satisfait, car le *requester peer* peut ne pas avoir les capacités à gérer et coordonner la composition et l'exécution de services.

Une approche de composition de services répond au critère *"Mobility Support"* si la composition de services se fait en fonction du temps que les dispositifs sont disponibles dans les environs. Cette exigence maximise la probabilité de l'exécution réussie de services composites. Seule l'approche de MoSCA satisfait à cette exigence. Dans cette approche, la sélection des dispositifs dépend sur combien de temps ils resteront au même endroit que le *requester peer*. Toutefois, dans cette approche, chaque dispositif sélectionné doit rester dans les environs pour toute la durée requise pour l'exécution du service composite. L'approche de MoSCA, par conséquent, ne supporte pas bien la caractéristique de la mobilité dans le MANET.

Le critère *"Context-Awareness"* est dit être satisfait si les informations contextuelles (par exemple, les capacités du dispositif et la bande passante du réseau) sont considérées lors de la composition et l'exécution de services. La considération des informations contextuelles peut augmenter l'efficacité de l'approche de composition et d'exécution de services. Toutefois, aucune approche ne considère les informations contextuelles lors de la sélection de services ; ainsi, elles ne sont pas sensibles au contexte.

La bande passante du réseau est un paramètre très important à considérer lors de la composition et l'exécution de services dans un MANET. Toutes les approches ci-dessus utilisent un protocole de découverte de services non-basé sur la diffusion, qui a un résultat positif sur l'utilisation de la bande passante du réseau. Toutefois, dans ces approches, l'exécution de services est coordonnée de façon centralisée dans laquelle l'échange des données se fait directement d'un dispositif vers un autre à travers un intermédiaire. Cette coordination centralisée de l'exécution de services entraîne une surcharge sur le réseau.

Enfin, la composition et l'exécution de services dans un MANET doit être tolérantes aux pannes. Toutes les approches ci-dessus, à l'exception de MoSCA satisfont au critère de *"Fault Tolerance"*. Cependant, elles utilisent un dispositif centralisé pour la détection et la récupération d'erreurs. Elles sont donc sujettes à point central de l'échec.

En conclusion, les approches existantes de composition et d'exécution de services, c'est-à-dire : BDSCP, HTGA, FTSCP, et MoSCA, qui ont été proposées pour exécuter des applications dans un MANET, ne satisfont pas entièrement aux exigences mentionnées dans la section 1.4. Dans ce livre, nous proposons un middleware de composition et d'exécution de services appelé ConAMi. L'objectif de notre middleware est de composer et d'exécuter des services de manière efficace dans un MANET. Notre middleware surmonte les limitations des approches existantes de composition de services et répond ainsi aux exigences décrites dans la section 1.4. Dans les sections suivantes, nous décrivons en détail le middleware ConAMi.

Tableau 1: Analyse des approches de composition de services pour les MANETs

Requirements	BDSCP	HTGA	FTSCP	MoSCA
Infrastructure-less Support	++	+	+	+
Mobility Support	-	-	-	+
Context-Awareness	-	-	-	-
Efficient Usage of Network	+	+	+	+
Fault Tolerance	+	+	+	-
Key: ++ *Fully considered*		+ *Partially considered*		- *Not considered*

1.6. Architecture du middleware ConAMi

Le middleware ConAMi permet aux dispositifs de calcul de collaborer les uns avec les autres afin d'exécuter des applications dirigées par les données[4]. En utilisant le middleware ConAMi, un flux de tâches est réalisé par l'exécution de services distribués dans le voisinage. Dans cette section, nous présentons la description générale du middleware ConAMi. Comme illustré dans la Figure. 2, le middleware ConAMi est composé des composants suivants:

- **Service Composition Plan Generator (SCPG):** ce module est responsable de la génération d'un arbre de composition de services pour un flux de tâches (TF) donné. L'arbre représente les meilleurs plans de composition de services (également appelés services composites) qui peuvent exécuter le flux de tâches requis. Le module SCPG est aussi responsable du choix du plan de composition de services optimal en termes du temps d'exécution. La fonctionnalité du module SCPG est décrite dans la section 1.8.

Un flux de tâches peut être prédéfini ou bien il peut être généré au moment de l'exécution. Dans la section 1.11, nous présentons un générateur de flux de tâches (TG) consacré à l'adaptation de contenus multimédia.

Les deux modules SCPG et TG forment le Service Composition Manager (SCM) qui est la partie centrale du middleware ConAMi. Le SCM communique avec les bases de données suivantes :

1. **Local Repository:** contient des fichiers qui peuvent contenir texte, image, flux audio ou vidéo. Nous supposons que chaque fichier est joint avec des métadonnées qui décrivent son contenu (par exemple, le type, le format, la taille, etc.).

2. **Service Registry:** stocke la description des services disponibles dans l'environnement. La description de services comprend l'identifiant du service, la fonctionnalité du service (c'est-à-dire la tâche exécutée par le service), les formats de données de l'entrée/sortie du service, le Time-To-Leave du service (TTL[5]), etc. Plus d'informations concernant la description de services se trouve dans la section 1.7.

---

[4] On rappelle qu'une application dirigée par les données est représentée par un flux de tâches.
[5] TTL: le Time-To-Leave du service s est le temps après lequel le service s n'est plus accessible. Il est égal au TTL du dispositif qui héberge le service s.
Notez que le TTL du service est différent du TTL utilisé dans les réseaux informatiques.

3. **Context Repository:** stocke les données de contexte liées aux caractéristiques de dispositifs (par exemple, la vitesse du CPU, la disponibilité du CPU, le TTL) et l'état du réseau (par exemple, la bande-passante). Plus d'informations sur la description de contexte se trouve dans la section 1.7.

– **Service Execution and Data Forwarding (SEDF):** ce module exécute les services locaux pour traiter les données; et il transmet le résultat pour un traitement ultérieur. Le module SEDF communique avec les services (s_1, s_2,..., s_n) qui sont des logiciels ayant des fonctionnalités diverses. Par exemple: traducteur de texte, convertisseur du texte au audio, etc.

– **Action Monitor (AM):** ce module détecte les erreurs qui se produisent en raison de l'inaccessibilité de dispositifs ainsi que d'autres types d'erreurs tels que l'arrêt des dispositifs, l'échec d'un service, etc. La récupération d'erreurs est réalisée par le module SCPG.

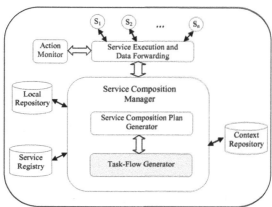

Figure. 2: Architecture du middleware ConAMI

1.7. Descriptions de Services et de Contexte dans ConAMi

Les descriptions des services et du contexte sont nécessaires pour exécuter un flux de tâches avec une utilisation efficace des ressources disponibles (par exemple, les plates-formes de calcul, et la bande-passante du réseau). Dans ce travail, nous avons construit une ontologie génerique pour décrire les entités principales représentant un environnement informatique pervasif telles que le service, le dispositif, et le réseau. Notre ontologie est basée sur le modèle de contexte (qui est connu en tant que le modèle EHRAM) développé dans [6]. La Figure. 3 montre une représentation graphique de l'ontologie proposée.

Comme illustré dans la Figure. 3, le Service, le Device et le Network sont des classes ayant une relation hiérarchique nommée *isa* avec la racine connue sous le nom *RootEntity*. Elles sont communes à tous les domaines d'applications. Des relations peuvent exister entre les classes de l'ontologie, par exemple, (Service, existIn, Device) et (Device connectedBy, Network).

Une classe dans l'ontologie peut avoir différentes sous-classes qui sont spécifiques à chaque domaine d'application. Par exemple, comme décrit dans [14], la classe AdaptationService comprend quatre sous-classes: TextAdaptationService, AudioAdaptationService, ImageAdaptationService, VideoAdaptationService. Chaque classe de l'ontologie est décrite en utilisant plusieurs attributs. Le Tableau 2 montre la description des classes dans l'ontologie proposée.

Tableau 2: Description des classes dans l'ontologie

Class	Attributes	Definition
Service	IdService(s)	identifier of the service s
	Functionality(s)	task executed by the service s
	IdDevice(s)	identifier of the device where the service s is hosted
	NbCycles(s,DataSize)	number of computation cycles needed by the service s to process data of size *DataSize*.
	TTL(s)	Time-To-Leave of the service s; it is equal to the TTL of the device that hosts the service s.
	Input(s)	data formats accepted by the service s
	Output(s)	data formats produced by the service s
Device	IdDevice	identifier of the device
	TTL	Time-To-Leave of the device
	Device's Characteristics	device's characteristics include CPU speed and CPU availability, and can also contain other features depending on the application domain (e.g., for the content adaptation, the screen size, the color capability, and the software capabilities of a device are needed)
Network	Bandwidth	data transfer rate of the communication link. It is measured in bits per second (bps)

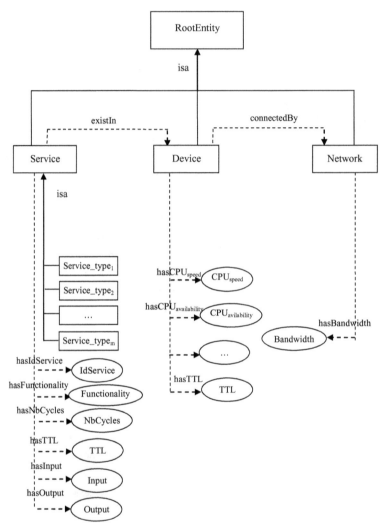

Figure. 3: Représentation graphique de l'ontologie

1.8. Composition de Services

Comme discuté dans la section 1.2, une application dirigée par les données est représentée comme un ensemble de tâches à effectuer sur les données d'entrée afin de satisfaire aux besoins des utilisateurs. Un flux de tâches est décrit en termes de: (i) l'état initial du flux de tâches (TF), c'est-à-dire, le format des données à traiter; (ii) l'état final du flux de tâches (TF), c'est-à-dire, le format des données traitées; et (iii) l'ensemble des tâches impliquées au traitement des données.

L'ensemble des tâches dans TF spécifie le type, le nombre et l'ordre des tâches impliquées dans l'exécution du flux de tâches. Cependant, il n'identifie pas les services qui effectueront ce flux de tâches. Puisque une tâche peut être exécutée par plusieurs services distribués dans le voisinage, il y a un certain nombre de compositions de services qui peuvent exécuter le flux de tâches requis. Par conséquent, la description du flux de tâches est transmise au générateur de plan de composition de services (SCPG) module du middleware ConAMi. Le module SCPG détermine le plan de composition de services optimal (aussi appelé le service composite optimal) qui exécute le flux de tâches requis. Dans la section suivante, nous présentons les définitions et les notations utilisées dans notre approche de composition de services.

1.8.1. Definitions et Notations

- **Contractor Peer (CP):** un dispositif qui est en charge de coordonner et de superviser l'exécution du flux de tâches.

- **Services A et Z:** des services prédéfinis et non-fonctionnels. Le format des données de sortie du service A représente le format des données à traiter, c'est-à-dire, le format d'entrée des données du flux de tâches (TF); le service A n'a pas d'entrée. Le format des données d'entrée du service Z représente le format des données traitées, c'est-à-dire, le format des données cible du flux de tâches (TF); le service Z n'a pas de sortie.

- **Service Composition Tree:** montre les meilleurs plans de composition de services qui peuvent exécuter le flux de tâches requis. Les nœuds d'un arbre de composition de services représentent les services y compris les services neutres (voir ci-dessous) ainsi que les services A et Z. Le nœud racine de l'arbre représente le service A.

- **Service Compatibility:** un service s_i est compatible avec un service s_j si la condition de compatibilité suivante est satisfaite :

$$s_i \text{ is compatible with } s_j \quad \textit{iff} \quad Input(s_j) \subseteq Output(s_i)$$

Où:

- Input(s_j), Output(s_i): représentent les formats des données d'entrée et de sortie des services s_j et s_i respectivement.

- **Neutralization Services:** sont des services utilisés pour convertir les formats des données. Ils sont utilisés pour effectuer: la conversion du format texte (par exemple, du PDF au DOC), la conversion du format audio (par exemple, du MP3 au WAV), la conversion du format image (par exemple, du GIF au JPEG) et la conversion du format vidéo (par exemple, du WMV au DivX). Nous supposons que les services neutres, qui sont disponibles dans l'environnement, ont déjà été organisés dans un graphe nommé Graphe Neutre. Les nœuds de NG représentent les services neutres, tandis que les arcs de NG représentent les liens possibles entre les services neutres qui sont compatibles.

- **Data Transfer Time:** est noté comme $DTT(s_i, s_j, DataSize)$; c'est le temps nécessaire pour transférer des données de taille $DataSize$ du service s_i vers le service s_j. Comme décrit dans [24], le modèle[6] brut de bande-passante (RBW) peut être utilisé pour estimer le temps de transfert des données entre deux services hébergés par des dispositifs différents. Selon ce modèle, le temps de transfert des données est calculé comme suit:

$$DTT(s_i, s_j, DataSize) = DataSize / bw(s_i, s_j)$$

Où:

- $DataSize$: la taille des données transférées

- $bw(s_i, s_j)$: la bande-passante du canal de communication entre les dispositifs qui hébergent les services s_i et s_j

- **Service Execution Time:** est noté comme $ET(s, DataSize)$; c'est le temps requis par le service s pour traiter les données de taille $DataSize$. Comme décrit dans [25], $ET(s, DataSize)$ est calculé comme suit:

$$ET(s, DataSize) = NbCycles(s, DataSize)/(CPU_{availability}(s) * CPU_{speed}(s))$$

Où:

- $CPU_{availability}(s)$: est la disponibilité du processeur du dispositif qui héberge le service s. Elle représente le ratio de temps pendant lequel le processeur ne fait rien, dans l'intervalle [0,1].

---

[6] Dans ce travail, nous considérons de gros fichiers, c'est pour quoi le *initial transfer latency* est négligeable par rapport au temps de transfert de fichier.

28

- *CPU$_{speed}$(s):* est la vitesse du processeur du dispositif qui héberge le service *s*, elle représente la cadence fondamentale en cycles par secondes à laquelle la plus basique opération peut être exécutée.

- *NbCycles(s,DataSize):* est le nombre de cycles de calcul requis par le service *s* pour traiter les données de taille *DataSize*. Elle peut être mesurée en utilisant des techniques de calibration comme décrit dans [25].

- **Node:** chaque nœud *n* dans l'arbre de composition de services est représenté comme un enregistrement ayant les champs suivants:

  - *Service(n)*: est le service représenté par le nœud *n* dans l'arbre.

  - *DataSize(n)*: est la taille des données de sortie du service(n), elle est calculée au moment de l'exécution du service.

  - *Parent(n)*: est le parent du nœud *n* dans l'arbre.

  - *RT(n)*: est le temps de réponse du nœud *n*, c'est-à-dire, le temps requis par le service(n) pour terminer le traitement des données. Il est calculé au moment de l'exécution comme suit:

$$RT(n) = RT(n_p) + DTT(s_p,s,DataSize(n_p)) + ET(s,DataSize(n_p))$$

Où:

  - n_p : est le parent du nœud *n* dans l'arbre de composition de services.

  - s_p, *s* : sont les services représentés par les nœuds n_p et *n* dans l'arbre respectivement.

  - *DTT(s_p,s,DataSize(n_p))*: est le temps nécessaire pour transférer des données de taille *DataSize(n_p)* du service s_p vers le service *s*.

  - *ET(s,DataSize(n_p))*: est le temps d'exécution du service *s* pour les données de taille *DataSize(n_p)*.

- *Color(n)*: un nœud se distingue des autres nœuds dans l'arbre de composition de services par sa couleur qui peut être *GREEN*, *WHITE*, *BLACK*, ou *YELLOW*. Ainsi, l'arbre de composition de services est également appelé un arbre coloré. Les couleurs des nœuds dans l'arbre ont la signification décrite dans le Tableau 3.

Tableau 3: Signification des couleurs des nœuds dans l'arbre (voir Figure. 5)

Color	Significance
YELLOW	the node lies on the optimal path of the tree
BLACK	the node will not be expanded any more (see below)
WHITE	the node represents a neutralization service
GREEN	the node represents non-neutralization service, the service A or the service Z

- **Optimal Path (OP):** le chemin dans l'arbre coloré qui commence par le nœud racine *node(A)* et se termine par le nœud *node(Z)* qui a le temps de réponse minimal. Il est déterminé automatiquement lors de la construction de l'arbre de composition de services.

- **Service Composition Problem:** ce problème est décrit comme un *five-tuple* (Services, NServices, Tasks, A, Z) où:
  - Services: la liste des services disponibles dans l'environnement.
  - NServices: la liste des services neutres disponibles dans l'environnement.
  - Tasks: l'ensemble des tâches pour lesquelles l'arbre de composition de services est construit.
  - A: un service prédéfini non-fonctionnelle tel que: input(A) = null, output(A) = le format des données d'entrée du flux de tâches.
  - Z: un service prédéfini non-fonctionnelle tel que: input(Z) = le format des données cible du flux de tâches, output(Z) = null.

Le résultat du problème de composition de services est un arbre coloré, qui représente les meilleures compositions de services qui peuvent mener à bien le flux de tâches.

1.8.2. Construction de l'Arbre de Composition de Services

Nous avons proposé un algorithme (Algorithme 1) [26] pour résoudre le problème de composition de services dans un MANET. L'algorithme est mis en œuvre par le module SCPG du middleware ConAMi. Il construit un arbre de composition de services pour un flux de tâches (*TF*) donné. Nous utilisons l'exemple du flux de tâches illustré dans la Figure. 4 pour expliquer la construction de l'arbre de composition de services. Supposons que f_1 est le format des données d'entrée de *TF* (c'est-à-dire que output(A) = f_1), que f_7 est le format des données cible de *TF* (c'est-à-dire que input(Z) = f_7), et que $\{t_1, t_2, t_3\}$ est la séquence des tâches impliquées dans le flux de tâches (*TF*).

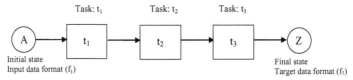

Figure. 4: Exemple du flux de tâches

Pour cet exemple, l'algorithme de composition de services (Algorithme 1) construit l'arbre de composition de services décrit dans la Figure. 5 comme suit.

1. L'algorithme crée un nœud racine de l'arbre. Ce nœud représente le service *A* et est noté *node(A)*. *noeud(A)* est peint en GREEN et son temps de réponse est fixé à RT_0.

2. Pour chaque tâche t_i dans le flux de tâches, l'algorithme recherche les services disponibles qui exécutent t_i et les place dans un ensemble $S(t_i)$. Cela nous donne plusieurs ensembles des services $S(t_i)$. L'algorithme met le service Z dans un ensemble $S(t_{n+1})$, où n est le nombre de tâches dans le flux de tâches. Pour l'exemple décrit dans la Figure. 4, n est égal à trois.

   Ainsi, supposons que les ensembles des services produits sont les suivants :

   $S(t_1)= \{s_{11}, s_{12}, s_{13}, s_{14}\}$, $S(t_2)= \{s_{21}, s_{22}, s_{23}, s_{24}\}$, $S(t_3)= \{s_{31}, s_{32}, s_{33}, s_{34}\}$, $S(t_4)= \{Z\}$

   Où:

   - t_1: est le tâche exécuté par les services: s_{11}, s_{12}, s_{13} ou s_{14}

   - t_2: est le tâche exécuté par les services: s_{21}, s_{22}, s_{23} ou s_{24}

   - t_3: est le tâche exécuté par les services: s_{31}, s_{32}, s_{33} ou s_{34}

   Pour chaque service s dans $S(t_1)$, l'algorithme utilise la procédure *ExpandNode* (Procédure 1) pour créer un nouveau nœud en tant qu'un fils du *nœud(A)* dans l'arbre et il le peint en

GREEN si et seulement si A est compatible avec s et le temps de réponse de *noeud(s)* est inférieure au TTL de s. Par exemple, dans la Figure. 5, l'algorithme crée un nœud pour le service s_{12} comme un fils du *node(A)* car le service A est compatible avec le service s_{12} et nous supposons que le temps de réponse du *node(s_{12})* (c'est-à-dire RT_3) est inférieure au TTL de s_{12}. Comme le TTL du service s_{14} est plus grand que le temps de réponse du *node(s_{14})*, l'algorithme ne le considère pas lors de la construction de l'arbre.

3. L'algorithme considère maintenant les services incompatibles. Supposons que le service A est incompatible avec le service s_{11} car le format des données de sortie du service A (c'est-à-dire f_1) ne correspond pas avec le format des données d'entrée du service s_{11} (c'est-à-dire f_2). Le fait de négliger les services comme s_{11} permettrait de simplifier l'algorithme de composition de services. Toutefois, nous pourrions exclure un chemin intéressant à travers s_{11} en termes de temps d'exécution global du service A au service Z. Par conséquent, l'algorithme utilise la procédure *ConnectWithNeutServices* (La procédure 2) pour connecter des nœuds représentant les services incompatibles en utilisant les services neutres. La procédure *ConnectWithNeutServices* applique la fonction *ModifiedDijkstra* (La fonction 1) sur le graphe neutre pour trouver la séquence optimale des services neutres qui peuvent connecter tous deux services incompatibles. Supposons que ns_1 est le résultat de l'application de la fonction *ModifiedDijksrta* sur le graphe neutre; ns_1 convertit les données du format f_1 au format f_2. La procédure *ConnectWithNeutServices* crée un nœud représentant ns_1 pour connecter le service A au service s_{11} dans l'arbre. Ensuite, le nœud qui représente le service s_{11} est peint en GREEN et le nœud qui représente le service ns_1 est peint en WHITE.

4. A la même profondeur de l'arbre, s'il y a plus qu'un nœud qui représente le même service, l'algorithme étend le nœud ayant le temps de réponse minimal et peint les autres en BLACK. Dans la Figure. 5, le service s_{21} est représenté par trois nœuds. Seul le nœud ayant le temps de réponse minimal (c'est-à-dire RT_8) est étendu et les autres nœuds sont peints en BLACK.

5. L'algorithme répète les étapes 3, 4 et 5 pour $S(t_2)$, $S(t_3)$ et $S(t_4)$ en tenant compte de toutes les feuilles GREEN à la place du *node(A)* et les services représentés par les feuilles GREEN à la place du service A.

6. A la profondeur $n+1$ de l'arbre (n est le nombre de tâches dans le flux de tâches), il y aura un seul *node(Z)* qui a la couleur GREEN. L'algorithme peint ce nœud et ses ancêtres en YELLOW. Les nœuds YELLOW représentent le chemin optimal dans l'arbre de composition de services en termes de temps d'exécution.

Ainsi, pour le ColoredTree affiché dans la Figure. 5, le chemin optimal est représenté par la séquence des services: s_{12}, s_{22}, s_{32} et ns_3. Cette séquence de services constitue le service composite optimal qui va exécuter le flux de tâches requis.

Dans le reste du manuscrit, nous allons utiliser l'exemple du flux de tâches dans la Figure. 4 et l'arbre de composition de services dans la Figure. 5 pour illustrer les fonctionnalités des autres modules du middleware ConAMi.

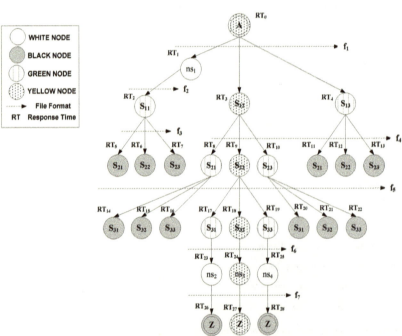

Figure. 5: Exemple d'arbre de composition de services

Algorithm 1: Service Composition Algorithm
// Construct a service composition tree

Input:
    Services: *the list of services available in the environment*
    NServices: *the list of neutralization services available in the environment*
    Tasks: *the sequence of tasks in the task-flow (TF)*
    A: *a predefined service such that: input(A) = null, output(A) = input data format of the TF*
    Z: *a predefined service such that: input(Z) = target data format of the TF, output(Z) = null*
Output:
    ColoredTree: *represents the best service composition plans*
    OP: *the optimal path in the ColoredTree*
Begin
create node(A) *// create a node representing the service A (denoted node(A))*
// node(A) is the root node in the ColoredTree
color [node(A)] = GREEN *// the GREEN color qualifies nodes that represent non-neutralization*
// services or the service A or the service Z
RT[node(A)] = current time *//RT[node(A)] indicates the time when the tree construction*
// starts
CurrentLevelLeaves = {node(A)}*//CurrentLevelLeaves stores the list of nodes which will be //expanded*
for each t ∈ Tasks *// consider all the ordered tasks for which the ColoredTree is constructed*
    GreenLeaves = { } *// GreenLeaves stores newly created nodes which have the GREEN color*
    S(t) = {s ∈ Services | s realizes the task t} *// searches the list of services that execute the task t*
    for each node(s_k)∈ CurrentLevelLeaves
        ExpandNode (node(s_k), S(t), NServices, *out* GreenLeaves) *// create children nodes of*
        // node(s_k)
        // these children nodes represent services of S(t)
        // GreenLeaves is modified by the ExpandNode Procedure
    end for
    CurrentLevelLeaves = GreenLeaves
end for
GreenLeaves = { } *// reinitialize GreenLeaves before processing the next step*
for each node(s_k) ∈ CurrentLevelLeaves
    ExpandNode (node(s_k), {Z}, NServices, *out* GreenLeaves) *// connect node(s_k) to the final node*
    // that represents the service Z
    // after applying the ExpandNode procedure, GreenLeaves contains only one node that
    // represents the service Z
end for
// get the optimal path in the ColoredTree
OP = {} *// OP stores the optimal path in the ColoredTree*
n = GreenLeaves [0] *// assign the singleton in GreenLeaves to n*
while (n! = null)
    color [n] = YELLOW
    insert n as first element of OP
    n = Parent [n] *// back track towards the root of the tree*
end while
End

Algorithme 1: Algorithme de composition de services

Procedure 1: ExpandNode (in node(s_k), **in** S(t), **in** NServices, **inout** GreenLeaves)
// Create children nodes of the node(s_k)

---

for each s in S(t)
    if (input(s) $\subseteq$ output(s_k) *// check the format compatibility of services*
        temp[7] = RT[node(s_k)] + DTT(s_k, s, DataSize [node(s_k)]+ ET(s, DataSize [node(s_k)])
        // temp is a temporary variable
        if (temp < TTL [s]) *// compare the response time of node(s) with the Time-To-*
        // Leave of s
            create node(s) *// create a node representing the service s*
            color [node(s)] = GREEN
            RT[node(s)] = temp *// assign temp to the response time of node(s)*
            add node(s) as child of node(s_k) in the ColoredTree *// node(s_k) is connected to node(s)*
            // directly
        end if
    else
        ConnectWithNeutServices (s_k, s, NServices) *// node(s_k) is connected to node(s)*
        // via a sequence of neutralization services
    // add node(s) to GreenLeaves
    if node(s) $\in$ ColoredTree *// if node(s_k) was connected to node(s) directly or via a sequence of*
    // neutralization services
        if $\exists$ n_j $\in$ GreenLeaves | (service(n_j) = s) *// check if there exists in GreenLeaves another*
        // node
        // represents the same service s
            if RT[n_j] < RT[node(s)]
                color [node(s)] = BLACK *// the BLACK color qualifies nodes that will later not*
                // be expanded
            else
                color [n_j] = BLACK
                GreenLeaves = {GreenLeaves – {n_j}} $\cup$ {node(s)} *// replace n_j by node(s) in*
                // GreenLeaves
            end if
        else
            GreenLeaves = GreenLeaves $\cup$ {node(s)}
        end if
    end if
end for

Procédure 1: ExpandNode Procedure

---

[7] Le temps du transfert des données (DTT) et le temps d'exécution du service sont calculés comme illustré dans la section 1.8.1.

Procedure 2: ConnectWithNeutServices (s_i, s_j, NServices)
// Connect node(s_i) to node(s_j) using neutralization services

---

$S = $ **ModifiedDijkstra** (s_i, s_j, RT[node(s_i)], NServices) *// find the optimal sequence of services*
// that can connect node(s_i) to node(s_j)
if $S = \{\}$
    return
end if
temp = node(s_i) *// temp is a temporary variable*
for each s in S *// create a sequence of nodes representing services of S to connect node(s_i) to*
  // node(s_j), note that s_j is the last service in S
    create node(s)
    color [node(s)] = WHITE *// the WHITE color represents neutralization services*
    add node(s) as child of temp in the ColoredTree
    temp = node(s)
end for
color [node(s_j)] = GREEN

Procédure 2: ConnectWithNeutServices Procedure

Function 1: ModifiedDijkstra (s_i, s_j, RT[node(s_i)], NServices)
// Return the optimal sequence of services that can connect node(s_i) to node(s_j)

S = { } // *S stores the optimal sequence of services that can connect the node(s_i) to*
// *the node(s_j)*
// *assume that NServices have been previously organized in a graph called neutralization graph*
//*(denoted NG) where the vertices of NG represent neutralization services, while the edges of NG*
//*represent the connections between the compatible neutralization services.*
// *a vertex v_1 is connected to a vertex v_2 in NG if service(v_1) is compatible with service(v_2)*
copy NG to a working neutralization graph denoted WNG
insert and connect both of node(s_i) and node(s_j) to all the vertices of WNG
for each v ∈ WNG // *for all vertices of the working neutralization graph*
    RT[v] = infinity // *set the response time of the vertex v to infinity*
    previous [v] = undefined
Q = the set of all vertices in WNG
while Q is not empty
    u = vertex in Q with smallest RT
    if (RT[u] = infinity) // *there is no sequence of services that allows connecting node(s_i)*
    // *to node(s_j)*
        return empty
    end if
    if (u = node(s_j)) // *the service s_j has been reached*
        if RT[node(s_j)] < TTL [s_j]
            break
        else
            return empty
        end if
    end if
    remove u from Q
    for each neighbor v of u // *where v has not yet been removed from Q*
        temp = RT[u] + DTT(service(u), service(v), DataSize [u]) + ET(service(v), DataSize [u])
        // *temp is a temporary variable*
        if (temp < RT[v]) && (temp < TTL [service(v)])
            RT[v] = temp
            previous [v] = u
        end if
    end for
// *get the optimal sequence of services from s_i to s_j in WNG*
u = node(s_j)
while u != node(s_i)
    insert service(u) as first element of S
    u = previous [u]
end while
return S // *return the optimal sequence of services that can connect node(s_i) to node(s_j)*

Function. 1: ModifiedDijkstra Function

Nous avons mesuré le temps de construction de l'arbre de composition de services par rapport au nombre de services par tâche (*tree width*) et le nombre de tâches (*tree depth*). Nous avons varié le nombre de services par tâche de 5 à 30 et le nombre de tâches de 1 à 10. La Figure. 6 montre la relation entre le temps de construction de l'arbre par rapport au nombre de services par tâche étant donné que le nombre de tâches est égal à 5, 7 et 10. Les courbes de cette figure sont quadratiques.

La Figure. 7 présente la relation entre le temps de construction de l'arbre par rapport au nombre de tâches en considérant que le nombre de services par tâche est égal à 5, 10, 15, 20, 25 et 30. Comme illustré dans cette figure, le temps de construction de l'arbre augmente linéairement quand le nombre de tâches augmente. Les valeurs mesurées du temps de construction de l'arbre sont assez petites. Ainsi, les résultats expérimentaux montrent que la performance de l'algorithme de composition de services est très réaliste.

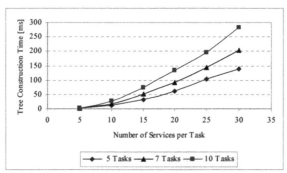

Figure. 6: Temps de construction de l'arbre par rapport au nombre de services par tâche
(le nombre de tâches est égal à 5, 7 et 10)

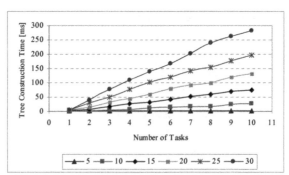

Figure. 7: Temps de construction de l'arbre par rapport au nombre de tâches
(le nombre de services par tâche est égal à 5, 10, 15, 20, 25, and 30)

1.9.   Exécution de Services

Deux protocoles peuvent être appliqués afin d'exécuter un flux de tâches dans un MANET. Ces protocoles sont de type centralisé et décentralisé. Dans le protocole centralisé, l'échange des données entre les services se fait à travers un intermédiaire. Cependant, dans le protocole décentralisé, l'échange des données se fait directement d'un service vers un autre sans avoir besoin d'un intermédiaire. Dans la suite, nous intégrons les deux protocoles dans le middleware ConAMi.

1.9.1.   Protocole d'Exécution de Services Centralisé

Dans ce protocole, les propriétaires de services (SOs) échangent des données à travers le *contractor peer* qui agit comme un intermédiaire. Comme présenté dans la Figure. 8, le *contractor peer* envoie les données au propriétaire de chaque service dans le service composite. Le propriétaire du service traite les données en exécutant son propre service, puis il renvoie le résultat (c'est-à-dire, les données partiellement traitées) au *contractor peer*. Lorsque tous les services dans le service composite sont exécutés, le *contractor peer* envoie le résultat final au *requester peer*.

Le nombre de communications entre le *contractor peer* et les SOs augmente linéairement avec le nombre de SOs impliqués dans l'exécution du flux de tâches requis. Ainsi, les communications amont et aval entre le *contractor peer* et les SOs causent une surcharge sur le réseau et affectent le temps de transfert des données.

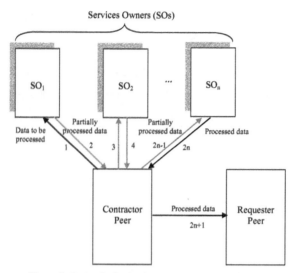

Figure. 8: Protocole d'exécution de services centralisé

1.9.2.   Protocole d'Exécution de Services Décentralisé

Dans ce protocole, les propriétaires de services (SOs) échangent des données sans l'utilisation du *contractor peer* comme un intermédiaire, c'est-à-dire que l'échange des données se fait directement d'un propriétaire de service à l'autre (Figure. 10). Pour ce faire, nous proposons que les SOs échangent un message d'enregistrement noté RM dont la structure est affichée dans la Figure. 9 [27].

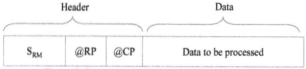

Figure. 9: Structure du message d'enregistrement (RM)

Où:

- Header: contient les adresses des services qui n'ont pas encore été exécuté pour effectuer le flux de tâches (S_{RM}), l'adresse du *requester peer* (@ RP), et l'adresse du *contractor peer* (@ CP). Pour l'exemple présenté dans la section 1.8.2, $S_{RM} = \{s_{12}, s_{22}, s_{32}$ et $ns_3\}$.

- Data: contient les données à traiter.

L'échange des messages d'enregistrement entre les SOs est fait en utilisant le module SEDF (Service Execution and Data Forwarding module) du middleware ConAMi. Le module SEDF est chargé de l'exécution des services locaux et de la transmission du message d'enregistrement contenant les données partiellement traitées pour un traitement ultérieur. Lorsque le propriétaire du service reçoit un message d'enregistrement, son module SEDF agit comme suit:

1. Si le premier service s dans RM se trouve sur place, le module SEDF exécute s en assignant les données de RM comme une entrée du service s. Puis, il supprime s de RM et met le résultat de s dans le champ *Data* de RM.

2. Il répète l'étape 1 jusqu'à ce que le premier service dans RM ne se trouve pas localement ou bien le dernier service dans RM est exécuté.

3. Le message d'enregistrement modifié est transmis au SO qui héberge le premier service dans RM. Si le RM ne contient pas de service (ce qui signifie que le service composite a été exécuté) les données traitées sont envoyées au *requester peer*.

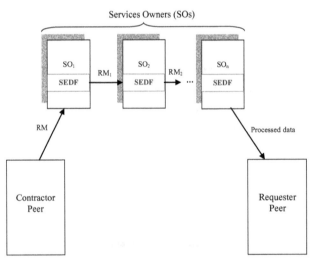

Figure. 10: Protocole d'exécution de services décentralisé

L'avantage du protocole d'exécution de services décentralisé est qu'il réduit le nombre des communications entre les pairs lors de l'exécution du service composite. Pour un exemple de service composite constitué de quatre services, nous avons besoin de neuf et cinq communications pour les protocoles centralisé et décentralisé respectivement. Ainsi, la taille des données qui sont échangées entre les pairs au cours d'exécution de services et par conséquent le temps d'exécution sont évidemment moindres pour le protocole décentralisé que pour le protocole centralisé.

Les Figures 11, 12 et 13 montrent le résultat des expérimentations qui ont été effectués pour évaluer la performance des protocoles d'exécution de services centralisé et décentralisé en termes du temps de transfert des données[8] et de la taille des données échangées.

Figure. 11 illustre la relation entre le temps de transfert de données et le longeur du service composite pour les protocoles d'exécution de services centralisé et décentralisé. Les facteurs[9] de croissance des services sont variés entre 0,7 et 1,2. La largeur de bande passante est considérée égale à 5.5Mb/s et la taille du fichier original est égale à 0.5Mbytes. La relation dans cette figure est linéaire pour les deux protocoles d'exécution de services. Le temps de transfert de données du protocole centralisé, cependant, est plus grand que celui décentralisé, car le nombre de communications entre les pairs dans le protocole centralisé est plus que dans le protocole décentralisé. La différence dans le temps de transfert de données des deux protocoles devient plus importante quand la longueur du service composite augmente.

Nous avons mesuré le temps de transfert de données pour les deux protocoles d'exécution de services par rapport à la largeur de bande passante (voir Figure. 12). Nous avons considéré une séquence de trois services ayant des facteurs de croissance: 0,73, 0,97 et 1,17. La taille du fichier original est considérée égale à 0.5Mbytes. Comme illustré dans la Figure. 12, l'écart entre les courbes est important lorsque la bande passante est faible. Par conséquent, le protocole d'exécution de services décentralisé est plus approprié que celui centralisé pour les MANET où la bande passante est limitée.

D'autre part, nous avons mesuré la taille des données échangées par rapport à la longueur du service composite. Comme illustré dans la Figure. 13, la taille des données échangées reflète un comportement similaire à celui du temps de transfert de données pour les deux protocoles d'exécution de services. La taille des données échangées dans le protocole centralisé est plus grande que dans celui décentralisé, car le nombre de communications entre les pairs dans le

---

[8] Comme nous considérons des gros fichiers, le *transfer initial latency* est négligeable comparé au temps de transfert des données. Nous avons également ignoré la taille de l'entête du message d'enregistrement durant le calcul du temps de transfert des données.

[9] Le facteur de croissance de service exprime le ratio de *outputDataSize* par rapport à *inputDataSize* du service.

protocole centralisé est plus que dans le protocol décentralisé. Le bénéfice du protocole décentralisé devient plus important lorsque la longueur de service composite augmente.

En conclusion, l'utilisation du protocole d'exécution de services décentralisé plutôt que du protocole centralisé peut améliorer les performances de notre approche d'exécution du flux de tâches en diminuant le temps de transfert des données et la charge du réseau ; et il permet le passage à l'échelle.

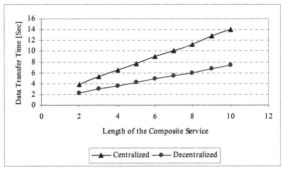

Figure. 11: Temps de transfert de données par rapport à la longueur du service composite
(Bande passante = 5.5Mb/s, taille du fichier = 0.5 Mbytes,
facteurs de croissance des services = 0.7 à 1.2)

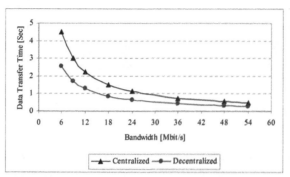

**Figure. 12: Temps de transfert des données par rapport à la bande passante
(Taille du fichier = 0.5 Mbytes, longueur du service composite = 3,
facteurs de croissance des services = 0.73, 0.97, 1.17)**

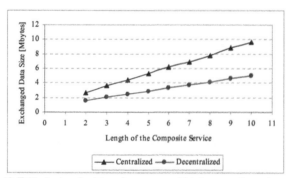

**Figure. 13: Taille des données échangées par rapport à la longueur du service composite
(Bande passante = 54Mb/s, Taille du fichier = 0.5 Mbytes,
facteurs de croissance des services = 0.7 à 1.2)**

1.10. Surveillance de Services et Tolérance aux Pannes

Le flux de tâches s'effectue avec succès s'il n'y pas de faute lors de l'exécution du service composite. Cependant, dans un MANET, l'exécution du service composite peut facilement échouer en raison de plusieurs erreurs comme l'arrêt du dispositif, la perturbation du réseau, l'échec d'un service, etc. Pour résoudre ce problème et pour améliorer la performance du middleware ConAMi, nous l'avons enrichi par une méthode originale de détection et de récupération d'erreurs [28].

Dans cette méthode, la détection et la récupération d'erreurs sont réparties sur les pairs dans l'environnement. Cette méthode est donc appelée une méthode décentralisée de détection et de récupération d'erreurs. Dans cette méthode, les propriétaires de services envoient des accusés de réception (des messages ACKs) à leurs prédécesseurs dans le S_{RM}. Rappelons l'exemple présenté dans la section 1.8.2 où la séquence des services à exécuter est: $S_{RM} = \{s_{12}, s_{22}, s_{32}, ns_3\}$.

Comme illustré dans la Figure. 14.a, les modules AM de P_2, P_3, P_4 et P_5 envoient des accusées de réception (ACK) à leurs prédécesseurs, c'est-à-dire, P_1, P_2, P_3 et P_4, respectivement, après avoir exécuté les services s_{12}, s_{22}, s_{32} et ns_3. Le module AM de chaque propriétaire du service est chargé de surveiller l'exécution du service appartenant à son successeur. Pour ce faire, il estime le temps maximum (ψ) après lequel le message ACK devrait arriver de son successeur.

$$\psi = RT[\text{nœud (s)}] + \varepsilon$$

où :

$-RT[\text{nœud (s)}]$ est le temps de réponse du nœud qui représente le service s dans l'arbre de composition de services;

$-\varepsilon$ est une constante qui permet au middleware ConAMi de prendre en considération le délai de traitement.

Si un propriétaire du service ne reçoit pas un message ACK de son successeur durant le temps prévu (ψ), il conclut que son successeur est inaccessible. Pour l'exemple représenté dans la Figure. 14.b, le pair P_3 ne reçoit pas un message d'accusé de réception du pair P_4 dans le délai ψ = $RT[\text{nœud } (s_{32})] + \varepsilon$, il conclut, donc, que le service s_{32} est en panne.

Le SCPG module du propriétaire du service s_{22} implémente l'algorithme de récupération d'erreurs (Algorithme 2) pour remplacer le service s_{32}. Supposons que l'algorithme retourne les services s_{33} et ns_4. Le SCPG module du pair P_3 mis à jour le message d'enregistrement et envoie le message d'enregistrement modifié au propriétaire du s_{33}, c'est-à-dire, le pair P_7 (voir Figure.

47

14.b). Cela exige que chaque propriétaire de service ait une copie de l'arbre de composition de services qui est créé par le *contractor peer*, c'est pour quoi le contractor peer à la creation du message d'enregistrement y ajoute l'arbre de composition de services (voir Figure. 15).

Ensuite, le propriétaire de service envoie le message d'enregistrement à son successeur, c'est-à-dire, le pair qui possède le premier service dans RM. Le *contractor peer* met en cache une copie du message d'enregistrement jusqu'à ce qu'il reçoive un message ACK de son successeur. De même, chaque propriétaire de service met également en cache une copie du message d'enregistrement modifié jusqu'à ce qu'il reçoive un message ACK de son successeur.

Le *requester peer* doit être conscient du temps d'exécution du flux de tâches τ_{TF}. Par conséquent, le *contractor peer* envoie la valeur τ_{TF} au *requester peer*. En outre, s'il y a un changement dans le temps τ_{TF} en raison d'erreurs, les propriétaires de services sont chargés de mettre au courant le *requester peer* de ce changement. Si le *requester peer* reçoit le résultat, c'est-à-dire les données traitées, pendant le temps $\tau_{TF} + \varepsilon$ avec ε est un retard de traitement, il envoie un message ACK au propriétaire du dernier service dans S_{RM}. Sinon, il redémarre l'exécution du flux de tâches requis.

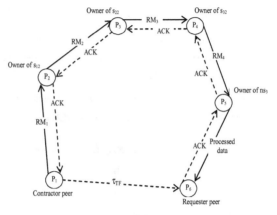

a. sans faute

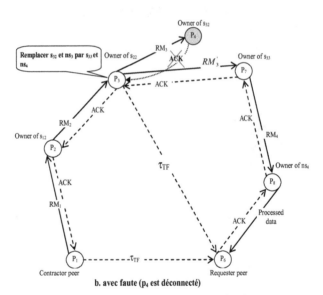

b. avec faute (p₄ est déconnecté)

Figure. 14: Exemple de surveillance de services avec récupération d'erreurs

Figure. 15: Structure modifiée du message d'enregistrement

1.10.1. L'Algorithme de Récupération d'Erreurs pour la Composition de Services

L'algorithme de recuperation d'erreurs est illustré dans Algorithme 2. L'algorithme remplace le service en panne dans le message d'enregistrement par une séquence de services. L'algorithme accepte comme entrées : la séquence des services dans le message d'enregistrement (S_{RM}), le service en panne (s_b), le dispositif en panne (d_b) qui héberge le service s_b, le ColoredTree et la liste des services neutres[10] disponibles dans l'environnement. L'algorithme distingue deux cas.

Cas 1 : le service en panne s_b est un service neutre, dans ce cas l'algorithme de récupération d'erreurs agit comme suit :

1. il applique la fonction *ModifiedDijkstra* (Fonction 1) sur le graphe neutre pour trouver une séquence optimale de services neutres (S) qui peut connecter le prédécesseur de s_b au successeur de s_b dans le S_{RM} (le successeur de s_b n'est pas hébergé par le dispositif en panne d_b).

2. Il remplace alors s_b dans le S_{RM} par les services de S.

Par exemple, pour l'arbre de composition de services présenté dans la Figure. 5, le message d'enregistrement contient la séquence de services : $S_{RM} = \{s_{12}, s_{22}, s_{32}, ns_3, Z^{11}\}$. Supposons que le service neutre ns_3 est en panne, dans ce cas l'algorithme de récupération d'erreurs applique la fonction *ModifiedDijkstra* sur le graphe neutre afin de trouver une séquence de services neutres qui connecte le prédécesseur de ns_3, c'est-à-dire s_{32} au successeur de ns_3, c'est-à-dire le service Z. On suppose que l'algorithme de récupération d'erreurs retourne le service neutre ns_5 (étape 1). Il remplace ns_3 par ns_5 dans le S_{RM} (étape 2).

Cas 2 : le service en panne s_b est un service non-neutre, dans ce cas l'algorithme de récupération d'erreurs agit comme suit:

1. Il élimine de S_{RM} tous les services neutres entre s_b et s_{fnns} où s_{fnns} est le premier service non-neutre trouvé après s_b dans S_{RM} et s_{fnns} n'est pas hébergé par le dispositif en panne d_b.

2. Il recherche une liste de services S_l tel que tous les services dans S_l : (i) sont représentés par des nœuds dans le ColoredTree; (ii) exécutent la même tâche que celle effectuée par

---

[10] Rappeler que les services neutres ont déjà été organisés dans un graphe appelé graphe neutre (notée NG) où les *vertices* de NG représentent les services neutres, tandis que les *edges* de NG représentent les liens entre les services neutres compatibles.

[11] Le service Z appartient toujours au message d'enregistrement comme le dernier service.

le service s_b (c'est-à-dire, les services qui sont situés au même niveau que s_b dans le ColoredTree), et (iii) ne sont pas hébergés par le dispositif en panne d_b.

3. Il recherche dans S_I un service s qui est représenté par un nœud ayant le temps de réponse minimal par rapport aux autres services dans S_I.

4. le service s_b est remplacé par s dans le S_{RM} si le prédécesseur de s_b dans S_{RM} est compatible avec le service s. Sinon, l'algorithme de récupération d'erreurs applique la fonction *ModifiedDijkstra* sur le graphe neutre afin de trouver une séquence de services S_{II} qui sont utilisés pour connecter le prédécesseur de s_b à s dans S_{RM}. Dans ce cas, le service s_b dans S_{RM} est remplacé par les services de S_{II} (notez que s est le dernier service ajouté dans le S_{RM}).

5. Si s (s est le service indiqué dans l'étape 3) n'est pas compatible avec le service s_{fnns}, l'algorithme de récupération d'erreurs recherche une séquence de services S_{III} qui lient s à s_{fnns} dans le ColoredTree (par la construction du ColoredTree, la séquence S_{III} existe toujours). Ensuite, il insère dans le S_{RM} tous les services de S_{III} entre s et s_{fnns} (voir Figure. 5).

Pour l'exemple ci-dessus, où le message d'enregistrement contient la séquence de services: $S_{RM} = \{s_{12}, s_{22}, s_{32}, ns_3, \text{et } Z\}$, on suppose que le service non-neutre s_{32} est en panne. Le premier service non-neutre (s_{fnns}) trouvé après s_{32} dans S_{RM} est le service Z (étape 1). En appliquant les étapes 2 et 3, l'algorithme retourne le service s_{33}. Puisque le prédécesseur de s_{32} dans S_{RM}, c'est-à-dire, s_{22} est compatible avec s_{33}, l'algorithme remplace s_{32} par s_{33} dans S_{RM} (étape 4) (voir Figure. 14). Comme le service s_{33} n'est pas compatible avec le service s_{fnns} (s_{fnns} = Z), l'algorithme de récupération d'erreurs recherche (étape 5) une séquence de services neutres S_{III} qui lient s_{33} à s_{fnns} dans le ColoredTree qui est illustré dans la Figure. 5. L'algorithme retourne le service neutre ns_4. Il ajoute le service ns_4 après s_{33} dans le S_{RM} (voir Figure. 14).

Pour mesurer la performance de cet algorithme, nous distinguons les deux cas suivants:

(i) le service en panne est un service neutre: dans ce cas, le temps d'exécution de l'algorithme dépend de la complexité de la fonction de *Dijkstra* [38] qui est $O(|V|^2 + |E|)$, où V représente l'ensemble des services neutres disponibles dans le MANET ; et E représente les liens entre les services neutres qui sont compatibles. Comme les paramètres V et E dans un MANET ont généralement une valeur très petite, le temps d'exécution de l'algorithme est toujours faible. Par conséquent, nous ne considérons pas ce cas dans nos expérimentations.

(ii) le service en panne est un service non-neutre dans ce cas, nous avons appliqué l'algorithme de récupération d'erreurs sur un arbre de composition de services en faisant varier le nombre de services par tâche (tree's width) de cinq à trente et en maintenant la profondeur de l'arbre constante (par exemple, nous considérons que la profondeur de l'arbre est égal à trois). Comme illustré dans la Figure. 16, le temps d'exécution de l'algorithme augmente presque linéairement lors de l'augmentation du nombre de services par tâche. Les valeurs mesurées du temps d'exécution de l'algorithme sont petites. Ainsi, ces résultats expérimentaux montrent que la performance de l'algorithme de récupération d'erreurs est réaliste.

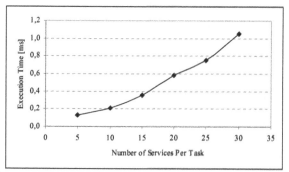

Figure. 16: Temps d'exécution de l'algorithme de récupération d'erreurs par rapport au nombre de services par tâche (trois tâches sont considérées)

Algorithm 2: Fault Recovery for Service Composition

// Replace the broken service s_b in S_{RM} (a sequence of services) by one or several services

Input:

    S_{RM}: *the sequence of services to be executed*

    s_b: *the broken service; s_b is an element of S_{RM}*

    d_b: *the broken device that hosts the service s_b*

    ColoredTree: *the service composition tree*

    NServices: *the list of neutralization services available in the environment*

Begin

if s_b is a neutralization service

    if succ(s_b) ∈ d_b *// the successor of s_b is hosted by the broken device d_b*

        construct a new ColoredTree *// by considering the service pred(s_b) as the root of the new // tree*

        return

    S = **ModifiedDijkstra** (pred(s_b), succ(s_b), CurrentTime, NServices) *// pred(s_b) and succ(s_b) are // the predecessor and the successor of s_b in S_{RM} respectively.*

    if S = {}

        construct a new ColoredTree *// by considering the service pred(s_b) as the root of the new // tree*

        return

    replace s_b in S_{RM} by the services of S

    return

else

    s_{fnns} = firstNonNeutService(s_b) *// s_{fnns} is the first non-neutralization service after s_b in S_{RM}*

    if s_{fnns} ∈ d_b *// the service s_{fnns} is hosted by the broken device d_b*

        construct a new ColoredTree *// by considering the service pred(s_b) as the root of the new // tree*

        return

    remove from S_{RM} all neutralization services between s_b and s_{fnns}

    S_I = {s | node(s) ∈ ColoredTree && Task [s] = Task [s_b] && s ∉ d_b}*// S_I is the list // of services which are represented by nodes in the ColoredTree, execute the same task as the // one performed by the service s_b, and which are not hosted by the broken device*

    if S_I = {}

        construct a new ColoredTree *// by considering the service pred(s_b) as the root of the new // tree*

        return

    find s ∈ S_I | ∀ s_i ∈ S_I: RT[node(s)] ≤ RT[node(s_i)] *// get the service s in S_I with the minimum // response time*

    if pred(s_b) is compatible with s

        replace s_b by s in S_{RM}

    else

        S_{II} = **ModifiedDijkstra** (pred(s_b), s, CurrentTime, NServices)

        if S_{II} = {}

            construct a new ColoredTree *// by considering the service pred(s_b) as the root of the // new tree*

            return

        replace s_b in S_{RM} by the services of S_{II} *// s is the last service added in S_{RM}*

    if s is not compatible with s_{fnns}

        S_{III} = sequence of neutralization services that link s to s_{fnns} in the ColoredTree *// by the // construction of the ColoredTree, S_{III} always exists*

        insert in S_{RM} all the services of S_{III} between s and s_{fnns}

End

Algorithme 2: Algorithme de récupération d'erreurs

1.11. L'Adaptation et le Transfert de Contenus dans les MANETs

Dans des environnements informatiques pervasifs sans infrastructure comme les MANETs, les dispositifs ont des capacités hétérogènes en termes de puissance du CPU, de logiciels implantés, et de taille de l'écran. En outre, ils sont équipés de technologies de communications sans fil qui ont une bande passante limitée et instable [29]. Afin de permettre aux utilisateurs d'accéder à tout contenu multimédia et en utilisant n'importe quel type de dispositifs de calcul, le contenu doit être adapté selon le contexte de l'utilisateur (par exemple, les préférences de l'utilisateur), le contexte du dispositif (par exemple, la taille de l'écran), et le contexte du réseau (par exemple, la bande passante) [30], [31], [32], [33].

1.11.1. Application de ConAMi à l'Adaptation et au Transfert de Contenus dans les MANETs

Comme discuté dans la section 1.2, la composition de services est considérée comme une solution appropriée pour exécuter des applications dirigées par les données telles que l'adaptation de contenus dans un MANET. Pour illustrer la faisabilité de l'adaptation de contenus basée sur la composition de services, rappelons le scénario présenté dans la section 1.2: "*Carlo veut un résumé d'un fichier en italien et au format audio. Toutefois, le fichier requis est en français et au format texte* ". Pour envoyer le fichier à Carlo dans le format approprié, le fichier doit être résumé, traduit du français vers l'italien, et converti du texte vers l'audio. Nous pouvons constater dans ce scénario que le fichier peut être adapté en composant une séquence de services: résumé, traduction et conversion du texte vers l'audio.

Dans la section 1.6, nous avons proposé un middleware appelé ConAMi (**Con**text-**A**ware service composition and execution **Mi**ddleware). ConAMi est conçu pour composer et exécuter des services distribués dans un MANET. Dans la section suivante, nous expliquons comment des dispositifs équipés de ConAMi dans un MANET collaborent les uns avec les autres afin d'effectuer l'adaptation de contenus selon les informations contextuelles (par exemple, les préférences de l'utilisateur, la bande passante du réseau, la capacité des dispositifs).

1.11.2. Protocole d'Adaptation de Contenus

Dans un MANET, un dispositif seul n'est pas capable d'effectuer une adaptation complète car il a des capacités limitées en termes de vitesse de processeur, de taille mémoire et de logiciels implantés. Ainsi, afin d'effectuer l'adaptation de contenus dans un MANET, des dispositifs doivent collaborer les uns avec les autres en offrant leurs services et plates-formes informatiques. Nous proposons que les dispositifs équipés de ConAMi dans un MANET implémentent le protocole décrit ci-dessous afin d'effectuer l'adaptation de contenus de manière distribuée (Figure. 17).

1. Le *requester peer*[12] envoie une requête d'accès aux données au *contractor peer*. La requête contient: l'identifiant du fichier désiré et les informations contextuelles qui sont liées au *requester peer* (c'est-à-dire les capacités du dispositif, les préférences de l'utilisateur, et la localisation de l'utilisateur).

2. Lorsque le *contractor peer* reçoit une requête d'accès aux données, il obtient le fichier requis du *data-source peer*. Nous supposons que le fichier est joint avec des métadonnées qui décrivent son contenu (par exemple, type, taille, format).

3. Le *contractor peer* génère un flux de tâches d'adaptation (c'est-à-dire, une séquence de tâches d'adaptation utilisées pour adapter un fichier donné) via le générateur du flux de tâches (TG) module du middleware ConAMi selon les informations contextuelles du *requester peer* (préférences de l'utilisateur, capacités du dispositif et bande passante du réseau). La fonctionnalité du TG module est décrite en détail dans la section 1.11.3.

4. Le *contractor peer* exécute le flux de tâches d'adaptation requis sur trois phases: la composition de services, l'exécution de services, la surveillance de services et la tolérance aux pannes, qui sont discutés dans les sections 1.8, 1.9 et 1.10 respectivement.

---

[12] Nous supposons que le *requester peer* connaît l'identifiant du fichier requis et l'adresse du *data-source peer*.

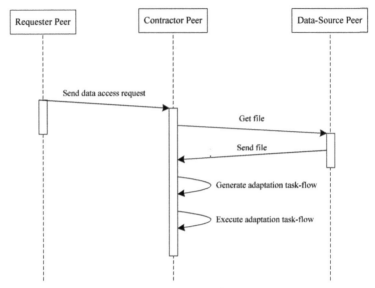

Figure. 17: Protocole d'adaptation de contenus

1.11.3. La Fonctionnalité du Module TG

Le module TG est basé sur les principes du modèle de la gestion du contexte et du raisonnement proposé dans [6]. Ce module accepte comme entrées: (i) l'ontologie d'adaptation, qui décrit les entités (dispositif, utilisateur, réseau, et localisation) qui sont considérées lors du processus d'adaptation. La représentation OWL de l'ontologie d'adaptation se trouve dans l'annexe II ; (ii) les règles d'adaptation, qui sont utilisées pour déterminer les tâches impliquées dans le processus d'adaptation selon les préférences de l'utilisateur, les capacités du dispositif, et la bande passante du réseau. Nous avons utilisé le langage de règles *Jena* [34] pour définir les règles d'adaptation. L'ensemble des règles d'adaptation utilisées par le module TG est présenté dans l'annexe I; (iii) les instances de données, qui représentent les données d'entrée (c'est-à-dire, les données qui doivent être adaptées) et les données du contexte qui sont liées au dispositif, à l'utilisateur et au réseau. L'exemple des instances de données pour le scénario présenté dans la section 1.2 se trouve dans l'annexe III.

La fonctionnalité du module TG est représentée en utilisant le diagramme du processus décrit dans la Figure. 18. Il gère, analyse et effectue le raisonnement sur les instances de données (c'est-à-dire les données du contexte et les données d'entrée) afin de déterminer les tâches nécessaires pour effectuer l'adaptation de contenus. Comme présenté dans la Figure. 18, le

57

module TG insère les données du contexte (qui concernent le *requester peer*) et les données d'entrée comme des instances dans l'ontologie d'adaptation. Par exemple, dans le scénario présenté dans la section 1.2 "*Carlo veut un résumé du fichier File01 en italien et au format audio. Toutefois, le fichier File01 requis est en français et au format texte* ". Les données de contexte qui sont liées aux préférences de Carlo et les données d'entrée qui sont liées au fichier *File01* sont insérées comme des triplets RDF (Resource Description Framework [11]) dans l'ontologie d'adaptation comme indiqué dans le Tableau 4. Ensuite, le module TG utilise un raisonneur qui à son tour traite l'ontologie et les règles d'adaptation afin de générer une séquence de tâches d'adaptation. Pour le scénario de Carlo, comme illustré dans la Figure. 18, le module TG genère une séquence de trois tâches : résumé, traduction et conversion du texte vers l'audio. Plus d'information sur la fonctionnalité du module TG se trouve dans [37].

Tableau 4: Exemple des triplets RDF

	RDF triples
Context Data *(related to Carlo's preferences)*	*adaOnto:Carlo rdf:type adaOnto:User* *adaOnto:Carlo adaOnto:hasPreference adaOnto:Audio* *adaOnto:Carlo adaOnto:hasPresentationPreference "Summary"* *adaOnto:Carlo adaOnto:hasUserLanguage "Italian"*
Input Data *(related to File01)*	*adaOnto:File01 rdf:type adaOnto:Text* *adaOnto:File01 adaOnto:hasContentLanguage "French"*

Nous avons mesuré le temps d'exécution du module TG par rapport au nombre de triplets RDF qui sont générés par la combinaison de: (i) l'ontologie d'adaptation; (ii) les règles d'adaptation; (iii) les instances des données. Dans cette expérimentation, le nombre de triplets RDF varie entre 50 et 500. La Figure. 19 montre le temps d'exécution du module TG par rapport au nombre de triplets RDF. Les valeurs mesurées du temps d'exécution sont assez petites quelque soit le nombre de triplets RDF. Par conséquent, cette expérimentation montre que le module TG peut générer des flux de tâches d'adaptation d'une manière efficace.

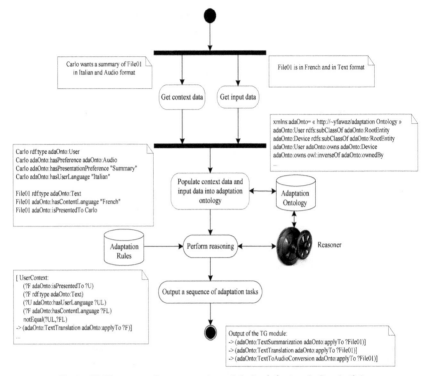

Figure. 18: Diagramme de processus du module de générateur de flux de tâches

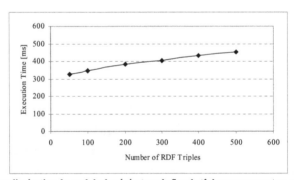

Figure. 19: Temps d'exécution du module de générateur de flux de tâches par rapport au nombre de triplets RDF

Le flux de tâches d'adaptation (c'est-à-dire, la séquence des tâches d'adaptation) généré par le module TG spécifie le type, le nombre et l'ordre des tâches nécessaires pour effectuer l'adaptation de contenus. Cependant, il n'identifie pas les services d'adaptation réels qui exécuteront l'adaptation de contenus. Comme chaque tâche dans le flux de tâches d'adaptation peut être exécutée par plusieurs services d'adaptation répartis sur les dispositifs dans le voisinage, il y aura plusieurs services composites qui peuvent exécuter le flux de tâches d'adaptation requis. Par conséquent, le flux de tâches d'adaptation sera exécuté selon trois phases : (i) la composition de services (voir section 1.8) ; (ii) l'exécution de services (voir section 1.9); et (iii) la surveillance des services et la tolérance aux pannes (voir section 1.10).

1.12. Conclusion et Perspectives

L'exécution des applications dirigées par les données dans des environnements informatiques pervasifs sans infrastructure tels que les MANETs est un défi de recherche en raison des contraintes posées par les caractéristiques du MANET. La composition de services est considérée comme la technologie clé pour executer des applications de ce type dans les MANET. La composition de services a pour objectif de créer de nouvelles fonctionnalités en composant plusieurs services. Par exemple, pour transformer un texte français en flux audio italien, on a besoin de la composition d'un service de traduction et d'un service de conversion du texte en audio. La composition de plusieurs services forme ainsi un nouveau service appelé service composite.

Des approches de composition de services basées sur l'infrastructure sont conçues pour les environnements du Web. Ces approches considèrent que les services résident sur des dispositifs stables et sont liés les uns aux autres par des liaisons à haut débit de communication fiable. Elles sont partiellement ou entièrement centralisées, elles utilisent un server/proxy dedié pour gérer, coordonner et exécuter les services composites. Les approches de composition de services bsées sur l'infrastructure ne sont pas adaptées aux MANETs, car elles ne prennent pas en compte la mobilité des dispositifs lors de la composition et l'exécution des services. En outre, dans un MANET il n'est pas possible de trouver un dispositif dédié puissant pour gérer et coordonner la composition et l'exécution des services.

BDSCP, HTGA, FTSCP et MoSCA sont quelques approches proposées pour permettre la composition de services dans des environnements mobiles ad-hoc. Cependant, comme nous avons discuté dans la section 1.5, aucune de ces approches répondent à toutes les exigences posées par la composition et l'exécution des services dans un MANET, c'est-à-dire, *infrastructure-less support, mobility support, context-awareness, efficient usage of network,* et *fault tolerance.*

Dans ce livre, nous avons proposé un middleware nouvel nommé ConAMi (**Con**text-**A**ware service composition and execution **Mi**ddleware) qui surmonte les limites des approches existantes de composition des services et répond aux exigences indiquées. Le middleware ConAMi permet aux dispositifs dans un MANET de collaborer les uns avec les autres afin d'exécuter efficacement des applications dirigées par les données telles que l'adaptation de contenus.

Notre contribution majeure dans ce livre peut se résumer comme suit :

✓ Nous avons proposé un nouveau système collaboratif pour l'exécution du flux de tâches dans des environnements informatiques pervasifs sans infrastructure comme les MANETs. Le flux de tâches est effectué par l'exécution de services distribués sur les dispositifs dans le voisinage. Chaque dispositif participant à l'exécution du flux de tâches met en œuvre un middleware appelé ConAMi (**Con**text-**A**ware service composition and execution **Mi**ddleware).

✓ Nous avons développé un algorithme de composition de services qui prend en compte le *Time-To-Leave* (TTL) des dispositifs lors de la composition de services dans un MANET. De plus, notre algorithme fournit un plan de composition de services optimal en termes du temps d'exécution.

✓ Nous avons proposé un protocole d'exécution de services efficace basé sur la collaboration entre les dispositifs dans un MANET. Le protocole proposé améliore la performance du système d'exécution du flux de tâches en termes de temps de transfert de données et de charge réseau.

✓ Un mécanisme de détection et de récupération d'erreurs originale a été proposé pour remédier à l'échec de l'exécution du flux de tâches qui peut survenir à cause d'erreurs comme l'arrêt du dispositif, la perturbation du réseau, l'échec d'un service, etc.

✓ Nous avons proposé une approche de génération du flux de tâches d'adaptation qui prend en compte les informations contextuelles (par exemple, le contexte de l'utilisateur, le contexte du dispositif, le contexte du réseau).

✓ Une ontologie générique a été proposée pour décrire toutes les entités représentant un environnement informatique pervasif telles que le dispositif, le service et le réseau. L'ontologie proposée est basée sur le modèle EHRAM [6].

✓ Un prototype a été développé pour mettre en œuvre notre proposition. L'adaptation de contenus a été considérée dans l'implémentation. Le prototype démontre la faisabilité et l'efficacité de notre proposition. Ainsi, le middleware ConAMi a été qualifié pour être une solution appropriée pour effectuer l'adaptation de contenus dans les MANETs.

✓ Des expérimentations ont été réalisées pour évaluer la performance de notre proposition: l'algorithme de la composition de services, les protocoles d'exécution de services, l'algorithme de récupération d'erreurs et l'approche de génération du flux de tâches d'adaptation. Ces expérimentations montrent l'efficacité, la faisabilité et la possibilité de passage à l'échelle de notre système.

Ci-dessous quelques travaux futurs envisagés qui peuvent être considérés comme une continuation de ce travail.

- Notre système d'exécution du flux de tâches est conçu pour exécuter une séquence de tâches (c'est-à-dire, un flux de tâches simple) dans les MANETs. La plupart des applications dirigées par les données (par exemple, l'adaptation de contenus) peuvent être représentées par un flux de tâches simple. En outre, notre système peut exécuter un flux de tâches complexe (où les tâches peuvent être organisées en séquences et / ou en parallèle) en le divisant en plusieurs flux de tâches simples. Cela nécessite le contrôle de la circulation des données et la synchronisation entre ces flux de tâches.
- Le système de l'exécution du flux de tâches proposé dans ce livre permet à des dispositifs d'exécuter des applications dirigées par les données dans *one-hop* MANETs. Toutefois, ce système peut être étendu pour exécuter des applications dans les *multi-hop* MANETs.
  Dans un *multi-hop* MANET, il sera nécessaire de prendre en considération le *Time-To-Leave* (TTL) des dispositifs intermédiaires lors de la composition et l'exécution de services.
- Dans notre approche, l'exécution du flux de tâches est basée sur l'hypothèse que des dispositifs équipés de ConAMi dans un MANET collaborent les uns avec les autres en partageant leurs plates-formes informatiques et leurs services. Naturellement, l'aspect collaboratif du middleware ConAMi expose le système d'exécution du flux de tâches aux pairs profiteurs et malveillants. En effet, les problèmes d'exploitation et de malveillance peuvent bloquer le fonctionnement de notre système. Dans l'avenir, nous allons proposer un protocole qui permet aux dispositifs équipés de ConAMi d'identifier les pairs profiteurs et malveillants dans un MANET afin d'éviter ces pairs dans l'exécution d'autres flux de tâches.
- Un MANET est beaucoup plus vulnérable aux attaques que les réseaux câblés car dans un MANET l'écoute est très facile et il n'y a pas de contrôle centralisé de gestion du réseau. Dans ce travail, nous avons ignoré les questions relatives à la sécurité et la confidentialité de l'accès aux données. Toutefois, d'autres collègues [35], [36] travaillent sur la sécurité et la confidentialité dans les environnements informatiques pervasifs. Nous pourrons ainsi intégrer les questions de sécurité et de confidentialité au sein de notre système d'exécution du flux de tâches.

GLOSSARY OF ACRONYMS

adaOnto:	Adaptation Ontology
API:	Application Program Interface
Ad-hoc:	in Latin, ad hoc means "for this", further meaning "for this purpose only"
AM:	Action Monitor module
BDSCP:	Broker-based Distributed Service Composition Protocol
ConAMi:	Context-Aware service composition and execution Middleware
DCAF:	Distributed Content Adaptation Framework
DiVX:	Digital Video Express, a video format
DOC:	Document, a text format
EHRAM:	Entity, Hierarchy, Relation, Axiom and Metadata based context representation model
FTSCP:	Fault-Tolerant Service Composition Protocol
GIF:	Graphics Interchange Formats
HTGA:	Hierarchical Task-Graph based Approach
HTTP:	Hypertext Transfer Protocol
IEEE:	Institute of Electrical and Electronics Engineers
Jena:	Java API based framework for building semantic Web applications. It allows users to read, write, and manipulate RDF(S) and OWL models.
JPEG:	Joint Photographic Experts Group, a lossy compression technique for color images
MANET:	Mobile Ad-hoc NETwork
MPEG:	Moving Picture Experts Group, also refers to family of digital video compression standards and file formats developed by the group
MoSCA:	Mobile Service Composition API
MP3:	MPEG Layer-3, an audio file format
OWL:	Web Ontology Language

OWL-S:	Web Ontology Language for Services
PDA:	Personal Digital Assistant
PDF:	Portable Document Format
Protégé:	an ontology editor. It has a graphical user interface, with separate tabs for displaying ontology classes, properties and instances. Classes and properties are organized in to tree structures.
RDF:	Resource Description Framework
RDFS:	Schema for RDF
RM:	Record Message
RBW:	Raw Bandwidth model
SPARQL:	SPARQL Protocol And RDF Query Language. It is a query language and data access protocol for the Semantic Web. It is defined in terms of the W3C's RDF data model and will work for any data source that can be mapped into RDF.
SQL:	Structured Query Language. It is a database computer language designed for managing data in relational database management systems
SCPG:	Service Composition Plan Generator module
SCM:	Service Composition Manager
SEDF:	Service Execution and Data Forwarding module
TG:	Task-Flow Generator module
TF:	Task-Flow
TTL:	Time-To-Leave
URI:	Uniform Resource Identifier
W3C:	World Wide Web Consortium
Wi-Fi:	Wireless Fidelity
WLAN:	Wireless Local Area Network
WAV:	Waveform Audio File Format
WMV:	Windows Media Video, a video format
XML:	eXtensible Markup Language
XML-S:	XML schema

BIBLIOGRAPHY

BIBLIOGRAPHY

[1]   M. Satyanarayanan. Pervasive Computing: Vision and Challenges. IEEE Personal Communications, vol. 8, pp. 10-17, 2001.

[2]   T. Strang and C. Linnhoff-Popien. A Context Modeling Survey. In the proceedings of the 1st International Workshop on Advanced Context Modelling, Reasoning and Management. The 6th International Conference on UbiComp'04. ACM, 8 pages, Nottingham, England, 2004.

[3]   S. Hariri, B. Khargharia, H. Chen, J. Yang, Y. Zhang, M. Parashar, and H. Liu. The Autonomic Computing Paradigm. Cluster Computing, vol. 9, pp. 5-17, 2006.

[4]   B. Schilit, N. Adams, and R. Want. Context-Aware Computing Applications. In the proceedings of the 1st International Workshop on Mobile Computing Systems and Applications. IEEE, pp. 85-90, Santa Cruz, California, USA, 1994.

[5]   D. Ejigu. Context Modeling and Collaborative Context-Aware Services for Pervasive Computing. PhD Thesis, 245 pages, INSA de Lyon - France, 2007.

[6]   H. Labiod, H. Afifi, and C. De Santis. Wi-Fi, Bluetooth, ZigBee and WiMax. Springer, 316 pages, Netherlands, 2007.

[7]   D. Chakraborty, A. Joshi, T. Finin, and Y. Yesha. Service Composition for Mobile Environments. The Journal of Mobile Networks and Applications. Springer Netherlands, vol. 10, pp. 435-451, 2005.

[8]   Z. Mao, Z. Morley, M. Eric, M. Eric, E. Brewer, A. Brewer, R. Katz, and R.H. Katz. Fault-Tolerant, Scalable, Wide-Area Internet Service Composition. Technical Report, 39 pages, No. UCB/CSD-01-1129. Computer Science Division, EECS Department, University of California, Berkeley, USA, 2001.

[9]   F. Casati, S. Ilnicki, L. Jin, V. Krishnamoorthy, and M. Shan. Adaptive and Dynamic Service Composition in eFlow. Advanced Information Systems Engineering. LNCS, vol. 1789, pp. 13-31, Springer Berlin / Heidelberg, 2000.

[10]   L. Del Prete and L. Capra. MoSCA: Seamless Execution of Mobile Composite Services. In the proceedings of the 7th ACM Workshop on Adaptive and Reflective Middleware (ARM). ACM, pp. 5-10, Leuven, Belgium, 2008.

[11]   W3C. Resource Description Framework (RDF). W3C Recommendation, 2004, available on: "http://www.w3.org/RDF/", last accessed on April, 2010.

[12] [62]   R. Aggarwal, K. Verma, J. Miller, and W. Milnor. Constraint Driven Web Service Composition in METEOR-S. In the proceedings of the IEEE International Conference on Services Computing (SCC). IEEE Computer Society, pp. 23-30, Shanghai, China, 2004.

[13]   G. Berhe. Access and Adaptation of Multimedia Content for Pervasive Systems. PhD Thesis, 305 pages, INSA de Lyon-France, 2006.

[14]   Z. Gao, Y. Yang, J. Zhao, J. Cui, and X. Li. Service Discovery Protocols for MANETs: a Survey. Mobile Ad-hoc and Sensor Networks. LNCS, vol. 4325, pp. 232-243, Springer Berlin / Heidelberg, 2006.

[15]   C. Lee and S. Helal. Protocols for Service Discovery in Dynamic and Mobile Networks. The International Journal of Computer Research, Nova Science Publishers, Inc, vol. 11, pp. 1-12, 2002.

[16]   E. Royer and C. Toh. A Review of Current Routing Protocols Ad-Hoc Mobile Wireless Networks for Ad-Hoc Mobile Wireless Networks. IEEE Personal Communications, vol. 6, pp. 46-55, 1999.

[17]   C. Liu and J. Kaiser, A Survey of Mobile Ad-Hoc Network Routing Protocols, Technical Report, 36 pages, University of Magdeburg-Germany, 2005.

[18]   D. Chakraborty. Service Discovery and Composition in Pervasive Environments. PhD Thesis, 175 pages, University of Maryland, Baltimore County, 2004.

[19]   P. Basu, W. Ke, and T.D.C. Little. Dynamic Task-based Anycasting in Mobile Ad-hoc Networks. Mobile Networks and Applications, SpringerLink, vol. 8, pp. 593-612, 2003.

[20]   P. Basu. A Task based Approach for Modeling Distributed Applications on Mobile Ad-hoc Networks. PhD Thesis, 230 pages, University of Boston, Boston, USA, 2003.

[21]   Z. Gao, S. Liu, M. Ji, J. Zhao, and L. Liang. FTSCP: an Efficient Distributed Fault-Tolerant Service Composition Protocol for MANETs. High Performance Computing and Communications. LNCS, vol. 4782, pp. 797-808, Springer Berlin Heidelberg, 2007.

[22]   L. Del Prete and L. Capra. Reliable Discovery and Selection of Composite Services in Mobile Environments. In the proceedings of the 12th International IEEE Enterprise Distributed Object Computing Conference. IEEE Computer Society, pp. 171-180, Munich, Germany, 2008.

[23]   J. Gossa. Modèle et Outils Génériques pour la Résolution des Problèmes Liés à la Répartition des Ressources sur Grilles. PhD Thesis, 231 pages, INSA de Lyon-France, 2007.

[24]   Y. Fawaz, A. Negash, L. Brunie, and V. Scuturici. Service Composition-based Content Adaptation for Pervasive Computing Environment. In the proceedings of the 3rd International Conference on Wireless Applications and Computing, IndirectScience Publishers, pp. 35-42, Lisbon, Portugal, 2007.

[25]   Y. Fawaz, G. Berhe, L. Brunie, V. Scuturici, and D. Coquil. Efficient Execution of Service Composition for Content Adaptation in Pervasive Computing. The International Journal of Digital Multimedia Broadcasting. Hindawi Publishing Corporation, vol. 2008, pp. 1-10, 2008.

[26]   Y. Fawaz, C. Bognanni, V. Scuturici, and L. Brunie. Fault Tolerant Content Adaptation for a Dynamic Pervasive Computing Environment. In the proceedings of the 3rd IEEE International Conference on Information and Communication Technologies: from Theory to Applications. ICTTA'08. IEEE, pp. 1 - 6, Damascus, Syria, 2008.

[27]   Z. Lei and N. Georganas. Context-based Media Adaptation in Pervasive Computing. In the proceedings of the Canadian Conference on Electrical and Computer Engineering. IEEE, pp. 913-918, Toronto, Canada, 2001.

[28]   A. Held, S. Buchholz, and A. Schill. Modeling of Context Information for Pervasive Computing Applications. In the proceedings of the 6th World Multiconference on Systemics, Cybernetics and Informatics (SCI), 6 pages, Orlando, FL, USA, 2002.

[29]   W.Y. Lum and F.C. Lau. On balancing between Transcoding Overhead and Spatial Consumption in Content Adaptation. In the proceedings of the 8th Annual International Conference on Mobile Computing and Networking (MobiCom 2002). ACM, pp. 239-250, Atlanta, Georgia, USA, 2002.

[30] M. Hori, G. Kondoh, K. Ono, S. Hirose, and S. Singhal. Annotation-based Web Content Transcoding. In the proceedings of the 9th International World Wide Web Conference on Computer networks. The International Journal of Computer and Telecommunications Netowrking. Publishing Co., pp. 197-211, Amsterdam, Netherlands: North-Holland, 2000.

[31] T. Chaari, D. Ejigu, F. Laforest, and V. Scuturici. Modeling and Using Context in Adapting Applications to Pervasive Environments. In the proceedings of the IEEE International Conference on Pervasive Services (ICPS'06). IEEE, pp. 111-120, Lyon-France, 2006.

[32] H. Sun, A. Vetro, and K. Asai. Resource Adaptation based on MPEG-21 usage Environment Descriptions. In the proceedings of the IEEE International Symposium on Circuits and Systems (ISCAS). IEEE, pp. 536-539, Bangkok, Thailand, 2003.

[33] B. Housel and D. Lindquist. WebExpress: a System for Optimizing Web Browsing in a Wireless Environment. In the proceedings of the Second Annual International Conference On Computing and Networking (MobiCom 96). ACM, pp. 108-116, New York, 1996.

[34] HP Labs. Jena- a Semantic Web Framework for Java, available on: "http://jena.sourceforge.net/", last accessed on March, 2010.

[35] R. Saadi. The Chameleon: un Système de Sécurité pour Utilisateurs Nomades en Environnements Pervasifs et Collaboratifs. PhD Thesis, 227 pages, INSA de Lyon-France, 2009.

[36] O. Hasan, L. Brunie, and J. Pierson. Evaluation of the Iterative Multiplication Strategy for Trust Propagation in Pervasive Environments. In the proceedings of the 6th ACM International Conference on Pervasive Services (ICPS 2009). ACM, pp. 49-54, London, United Kingdom, 2009.

[37] Yaser Fawaz. Context-Aware Service Composition and Execution for Pervasive Computing: a data driven approach. "Application to Content Adaptation and Delivery". PhD Thesis, 260 pages, INSA of Lyon-France, 2010.

[38] E.W. Dijkstra. A Note on two Problems in Connexion with Graphs, available on: "http://www.math.umn.edu/~armstron/5707/dijkstra.pdf", last accessed on: May, 2010. The Journal of NumerMath, vol. 1, pp. 269-271, 1959.

ANNEXES

Annex I. Adaptation Rules

```
@prefix:rdf="http://www.w3.org/1999/02/22-rdf-syntax-ns#"
@prefix:owl="http://www.w3.org/2002/07/owl#"
@prefix:xsd="http://www.w3.org/2001/XMLSchema#"
@prefix:rdfs=http://www.w3.org/2000/01/rdf-schema#
@prefix:adaOnto="http://~yfawaz/AdaptationOntology.owl"
```

```
[I. UserContext:
  (?F adaOnto:isPresentedTo ?U)
  (?F rdf:type adaOnto:Text)
  (?U adaOnto:hasPresentationPreference "Summary")
->(adaOnto:TextSummarization adaOnto:applyTo ?F)]

[II. NetworkContext:
  (?F adaOnto:isPresentedTo ?U)
  (?F rdf:type adaOnto:Text)
  (?U adaOnto:owns ?D)
  (?D adaOnto:connectedBy ?N)
  (?N adaOnto:hasBandwidth "Weak")
->(adaOnto:TextSummarization adaOnto:applyTo ?F)]

[III. DeviceContext:
  (?F adaOnto:isPresentedTo ?U)
  (?F rdf:type adaOnto:Text)
  (?U adaOnto:owns ?D)
  (?D adaOnto:hasMemorySize "Limited")
->(adaOnto: TextSummarization adaOnto:applyTo ?F)]

[IV. UserContext:
  (?F adaOnto:isPresentedTo ?U)
  (?F rdf:type adaOnto:Text)
  (?U adaOnto:hasUserLanguage ?UL)
  (?F adaOnto:hasContentLanguage ?FL)
   notEqual(?UL,?FL)
->(adaOnto:TextTranslation adaOnto:applyTo ?F)]

[V. UserContext:
  (?F adaOnto:isPresentedTo ?U)
  (?F rdf:type adaOnto:Text)
  (?U adaOnto:hasPreference adaOnto:Audio)
->(adaOnto:TextToAudioConversion adaOnto:applyTo ?F)]

[VI. DeviceContext:
  (?F adaOnto:isPresentedTo ?U)
  (?F rdf:type adaOnto:Image)
  (?U adaOnto:owns ?D)
  (?D adaOnto:hasMemorySize "Limited")
->(adaOnto:ImageColorReduction adaOnto:applyTo ?F)]

[VII. NetworkContext:
  (?F adaOnto:isPresentedTo ?U)
  (?F rdf:type adaOnto:Image)
  (?U adaOnto:owns ?D)
  (?D adaOnto:connectedBy ?N)
  (?N adaOnto:hasBandwidth "Weak")
->(adaOnto: ImageColorReduction adaOnto:applyTo ?F)]
```

```
[VIII. DeviceContext:
  (?F adaOnto:isPresentedTo ?U)
  (?F rdf:type adaOnto:Image)
  (?U adaOnto:owns ?D)
  (?D adaOnto:hasScreenWidth "Small")
  (?F adaOnto:hasWidth "Large")
-> (adaOnto:ImageResizing adaOnto:applyTo ?F)]

[IX. UserContext:
  (?F adaOnto:isPresentedTo ?U)
  (?F rdf:type adaOnto:Image)
  (?U adaOnto:hasPreference adaOnto:Text
-> (adaOnto:ImageToText adaOnto:applyTo ?F)]

[X. NetworkContext:
  (?F adaOnto:isPresentedTo ?U)
  (?F rdf:type adaOnto:Audio)
  (?U adaOnto:owns ?D)
  (?D adaOnto:connectedBy ?N)
  (?N adaOnto:hasBandwidth "Weak")
-> (adaOnto:AudioSummarization adaOnto:applyTo ?F)]

[XI. UserContext:
  (?F adaOnto:isPresentedTo ?U)
  (?F rdf:type adaOnto:Audio)
  (?U adaOnto:hasPresentationPreference "Summary")
-> (adaOnto:AudioSummarization adaOnto:applyTo ?F)]

[XII. DeviceContext:
  (?F adaOnto:isPresentedTo ?U)
  (?F rdf:type adaOnto:Audio)
  (?U adaOnto:owns ?D)
  (?D adaOnto:hasMemorySize "Limited")
-> (adaOnto: AudioSummarization adaOnto:applyTo ?F)]

[XIII. UserContext:
  (?F adaOnto:isPresentedTo ?U)
  (?F rdf:type adaOnto:Audio)
  (?U adaOnto:hasUserLanguage ?UL)
  (?F adaOnto:hasContentLanguage ?FL)
   notEqual(?UL,?FL)
-> (adaOnto:AudioTranslation adaOnto:applyTo ?F)]

[XIV. LocationContext:
  (?F adaOnto:isPresentedTo ?U)
  (?F rdf:type adaOnto:Audio)
  (?U adaOnto:locatedIn "meetingRoom")
-> (adaOnto:AudioToTextConversion adaOnto:applyTo ?F)]

[XV. NetworkContext:
  (?F adaOnto:isPresentedTo ?U)
  (?F rdf:type adaOnto:Video)
  (?U adaOnto:owns ?D)
  (?D adaOnto:connectedBy ?N)
  (?N adaOnto:hasBandwidth "Weak")
-> (adaOnto:VideoSummarization adaOnto:applyTo ?F)]
```

```
[XVI. UserContext:
   (?F adaOnto:isPresentedTo ?U)
   (?F rdf:type adaOnto:Video)
   (?U adaOnto:hasPresentationPreference "Summary")
-> (adaOnto:VideoSummarization adaOnto:applyTo ?F)]

[XVII. DeviceContext:
   (?F adaOnto:isPresentedTo ?U)
   (?F rdf:type adaOnto:Video)
   (?U adaOnto:owns ?D)
   (?D adaOnto:hasMemorySize "Limited")
-> (adaOnto: VideoSummarization adaOnto:applyTo ?F)]

[XVIII. UserContext:
   (?F adaOnto:isPresentedTo ?U)
   (?F rdf:type adaOnto:Video)
   (?U adaOnto:hasUserLanguage ?UL)
   (?F adaOnto:hasContentLanguage ?FL)
    notEqual(?UL,?FL)
-> (adaOnto:VideoTranslation adaOnto:applyTo ?F)]

[XIX. UserContext:
   (?F adaOnto:isPresentedTo ?U)
   (?F rdf:type adaOnto:Video)
   (?U adaOnto:hasPreference adaOnto:Audio)
-> (adaOnto:VideoToAudioConversion adaOnto:applyTo ?F)]
```

Annex II. OWL Representation of the Adaptation Ontology

```
<?xml version="1.0"?>
<rdf:RDF
   xmlns:rdf="http://www.w3.org/1999/02/22-rdf-syntax-ns#"
   xmlns:owl="http://www.w3.org/2002/07/owl#"
   xmlns:xsd="http://www.w3.org/2001/XMLSchema#"
   xmlns:rdfs="http://www.w3.org/2000/01/rdf-schema#"
   xml:base="http://liris.cnrs.fr/~yfawaz/AdaptationOntology.owl">
  <owl:Class rdf:ID="Service">
    <rdfs:subClassOf>
      <owl:Class rdf:ID="RootEntity"/>
    </rdfs:subClassOf>
  </owl:Class>
  <owl:Class rdf:ID="AudioToTextConversionService">
    <rdfs:subClassOf>
      <owl:Class rdf:ID="AudioAdaService"/>
    </rdfs:subClassOf>
  </owl:Class>
  <owl:Class rdf:ID="ImageColorReductionService">
    <rdfs:subClassOf>
      <owl:Class rdf:ID="ImageAdaService"/>
    </rdfs:subClassOf>
  </owl:Class>
  <owl:Class rdf:ID="Indoor">
    <rdfs:subClassOf>
      <owl:Class rdf:ID="Location"/>
    </rdfs:subClassOf>
  </owl:Class>
  <owl:Class rdf:ID="Text">
    <rdfs:subClassOf>
      <owl:Class rdf:ID="Data"/>
    </rdfs:subClassOf>
  </owl:Class>
  <owl:Class rdf:ID="VideoToAudioConversionService">
    <rdfs:subClassOf>
      <owl:Class rdf:ID="VideoAdaService"/>
    </rdfs:subClassOf>
  </owl:Class>
  <owl:Class rdf:ID="VideoTranslationService">
    <rdfs:subClassOf>
      <owl:Class rdf:about="#VideoAdaService"/>
    </rdfs:subClassOf>
  </owl:Class>
  <owl:Class rdf:ID="ImageToTextConversionService">
    <rdfs:subClassOf>
      <owl:Class rdf:about="#ImageAdaService"/>
    </rdfs:subClassOf>
  </owl:Class>
  <owl:Class rdf:ID="User">
    <rdfs:subClassOf rdf:resource="#RootEntity"/>
  </owl:Class>
  <owl:Class rdf:ID="ImageResizingService">
    <rdfs:subClassOf>
      <owl:Class rdf:about="#ImageAdaService"/>
    </rdfs:subClassOf>
```

79

```xml
    </owl:Class>
    <owl:Class rdf:about="#VideoAdaService">
      <rdfs:subClassOf rdf:resource="#Service"/>
    </owl:Class>
    <owl:Class rdf:ID="AdaptationTask">
      <rdfs:subClassOf rdf:resource="#RootEntity"/>
    </owl:Class>
    <owl:Class rdf:about="#ImageAdaService">
      <rdfs:subClassOf rdf:resource="#Service"/>
    </owl:Class>
    <owl:Class rdf:ID="TextSummarizationService">
      <rdfs:subClassOf>
        <owl:Class rdf:ID="TextAdaService"/>
      </rdfs:subClassOf>
    </owl:Class>
    <owl:Class rdf:ID="AudioTranslationService">
      <rdfs:subClassOf>
        <owl:Class rdf:about="#AudioAdaService"/>
      </rdfs:subClassOf>
    </owl:Class>
    <owl:Class rdf:ID="Video">
      <rdfs:subClassOf>
        <owl:Class rdf:about="#Data"/>
      </rdfs:subClassOf>
    </owl:Class>
    <owl:Class rdf:about="#AudioAdaService">
      <rdfs:subClassOf rdf:resource="#Service"/>
    </owl:Class>
    <owl:Class rdf:ID="VideoSummarizationService">
      <rdfs:subClassOf rdf:resource="#VideoAdaService"/>
    </owl:Class>
    <owl:Class rdf:ID="TextTranslationService">
      <rdfs:subClassOf>
        <owl:Class rdf:about="#TextAdaService"/>
      </rdfs:subClassOf>
    </owl:Class>
    <owl:Class rdf:about="#Location">
      <rdfs:subClassOf rdf:resource="#RootEntity"/>
    </owl:Class>
    <owl:Class rdf:about="#TextAdaService">
      <rdfs:subClassOf rdf:resource="#Service"/>
    </owl:Class>
    <owl:Class rdf:ID="TextToAudioConversionService">
      <rdfs:subClassOf rdf:resource="#TextAdaService"/>
    </owl:Class>
    <owl:Class rdf:about="#Data">
      <rdfs:subClassOf rdf:resource="#RootEntity"/>
    </owl:Class>
    <owl:Class rdf:ID="Image">
      <rdfs:subClassOf rdf:resource="#Data"/>
    </owl:Class>
    <owl:Class rdf:ID="Audio">
      <rdfs:subClassOf rdf:resource="#Data"/>
    </owl:Class>
    <owl:Class rdf:ID="Device">
      <rdfs:subClassOf rdf:resource="#RootEntity"/>
    </owl:Class>
    <owl:Class rdf:ID="AudioSummarizationService">
```

```
      <rdfs:subClassOf rdf:resource="#AudioAdaService"/>
</owl:Class>
<owl:Class rdf:ID="Network">
   <rdfs:subClassOf rdf:resource="#RootEntity"/>
</owl:Class>
<owl:Class rdf:ID="Outdoor">
   <rdfs:subClassOf rdf:resource="#Location"/>
</owl:Class>
<owl:DatatypeProperty rdf:ID="hasCPUavailability">
   <rdfs:domain rdf:resource="#Device"/>
</owl:DatatypeProperty>
<owl:DatatypeProperty rdf:ID="hasBandwidth">
   <rdfs:domain rdf:resource="#Network"/>
</owl:DatatypeProperty>
<owl:DatatypeProperty rdf:ID="hasMemorySize">
   <rdfs:domain rdf:resource="#Device"/>
</owl:DatatypeProperty>
<owl:DatatypeProperty rdf:ID="hasInput"/>
<owl:DatatypeProperty rdf:ID="hasCPUspeed">
   <rdfs:domain rdf:resource="#Device"/>
</owl:DatatypeProperty>
<owl:DatatypeProperty rdf:ID="hasScreenWidth">
   <rdfs:domain rdf:resource="#Device"/>
</owl:DatatypeProperty>
<owl:DatatypeProperty rdf:ID="hasScreenHeight">
   <rdfs:domain rdf:resource="#Device"/>
</owl:DatatypeProperty>
<owl:DatatypeProperty rdf:ID="hasNbCycles">
   <rdfs:domain rdf:resource="#Service"/>
</owl:DatatypeProperty>
<owl:DatatypeProperty rdf:ID="hasOutput">
   <rdfs:domain rdf:resource="#Service"/>
</owl:DatatypeProperty>
<owl:DatatypeProperty rdf:ID="hasTTL">
   <rdfs:domain rdf:resource="#Device"/>
</owl:DatatypeProperty>
<owl:DatatypeProperty rdf:ID="hasWidth">
   <rdfs:domain rdf:resource="#Data"/>
</owl:DatatypeProperty>
<owl:DatatypeProperty rdf:ID="hasPresentationPreference">
   <rdfs:domain rdf:resource="#User"/>
</owl:DatatypeProperty>
<owl:DatatypeProperty rdf:ID="hasContentLanguage">
   <rdfs:domain rdf:resource="#Data"/>
</owl:DatatypeProperty>
<owl:DatatypeProperty rdf:ID="hasIdService">
   <rdfs:domain rdf:resource="#Service"/>
</owl:DatatypeProperty>
<owl:DatatypeProperty rdf:ID="hasSize">
   <rdfs:domain rdf:resource="#Data"/>
</owl:DatatypeProperty>
<owl:DatatypeProperty rdf:ID="hasFormat">
   <rdfs:domain rdf:resource="#Data"/>
</owl:DatatypeProperty>
<owl:DatatypeProperty rdf:ID="hasUserLanguage">
   <rdfs:domain rdf:resource="#User"/>
</owl:DatatypeProperty>
<owl:DatatypeProperty rdf:ID="hasHeight">
```

```
    <rdfs:domain rdf:resource="#Data"/>
  </owl:DatatypeProperty>
  <owl:TransitiveProperty rdf:ID="before">
    <owl:inverseOf>
      <owl:TransitiveProperty rdf:ID="after"/>
    </owl:inverseOf>
    <rdfs:range rdf:resource="#AdaptationTask"/>
    <rdfs:domain rdf:resource="#AdaptationTask"/>
    <rdf:type rdf:resource="&owl;FunctionalProperty"/>
    <rdf:type rdf:resource="&owl;InverseFunctionalProperty"/>
    <rdf:type rdf:resource="&owl;ObjectProperty"/>
  </owl:TransitiveProperty>
  <owl:TransitiveProperty rdf:about="#after">
    <rdf:type rdf:resource="&owl;FunctionalProperty"/>
    <rdf:type rdf:resource="&owl;InverseFunctionalProperty"/>
    <rdf:type rdf:resource="&owl;ObjectProperty"/>
    <rdfs:domain rdf:resource="#AdaptationTask"/>
    <rdfs:range rdf:resource="#AdaptationTask"/>
    <owl:inverseOf rdf:resource="#before"/>
  </owl:TransitiveProperty>
  <owl:FunctionalProperty rdf:ID="applyTo">
    <rdf:type rdf:resource="&owl;ObjectProperty"/>
    <rdfs:domain rdf:resource="#AdaptationTask"/>
    <rdfs:range rdf:resource="#Data"/>
  </owl:FunctionalProperty>
  <owl:FunctionalProperty rdf:ID="owns">
    <rdfs:range rdf:resource="#Device"/>
    <rdfs:domain rdf:resource="#User"/>
    <rdf:type rdf:resource="&owl;InverseFunctionalProperty"/>
    <rdf:type rdf:resource="&owl;ObjectProperty"/>
    <owl:inverseOf>
      <owl:FunctionalProperty rdf:ID="ownedBy"/>
    </owl:inverseOf>
  </owl:FunctionalProperty>
  <owl:FunctionalProperty rdf:ID="contains">
    <rdfs:range rdf:resource="#User"/>
    <rdfs:domain rdf:resource="#Location"/>
    <rdf:type rdf:resource="&owl;ObjectProperty"/>
    <owl:inverseOf>
      <owl:InverseFunctionalProperty rdf:ID="locatedIn"/>
    </owl:inverseOf>
  </owl:FunctionalProperty>
  <owl:FunctionalProperty rdf:ID="connectedBy">
    <rdfs:domain rdf:resource="#Device"/>
    <rdf:type rdf:resource="&owl;ObjectProperty"/>
    <rdfs:range rdf:resource="#Network"/>
  </owl:FunctionalProperty>
  <owl:FunctionalProperty rdf:ID="existIn">
    <rdf:type rdf:resource="&owl;InverseFunctionalProperty"/>
    <rdf:type rdf:resource="&owl;ObjectProperty"/>
    <owl:inverseOf>
      <owl:FunctionalProperty rdf:ID="hasService"/>
    </owl:inverseOf>
    <rdfs:domain rdf:resource="#Service"/>
    <rdfs:range rdf:resource="#Device"/>
  </owl:FunctionalProperty>
  <owl:FunctionalProperty rdf:about="#ownedBy">
    <rdfs:range rdf:resource="#User"/>
```

```
        <rdf:type rdf:resource="&owl;InverseFunctionalProperty"/>
        <rdf:type rdf:resource="&owl;ObjectProperty"/>
        <owl:inverseOf rdf:resource="#owns"/>
        <rdfs:domain rdf:resource="#Device"/>
</owl:FunctionalProperty>
<owl:FunctionalProperty rdf:ID="executes">
        <rdfs:range rdf:resource="#AdaptationTask"/>
        <owl:inverseOf>
          <owl:FunctionalProperty rdf:ID="executedBy"/>
        </owl:inverseOf>
        <rdfs:domain rdf:resource="#Service"/>
        <rdf:type rdf:resource="&owl;InverseFunctionalProperty"/>
        <rdf:type rdf:resource="&owl;ObjectProperty"/>
</owl:FunctionalProperty>
<owl:FunctionalProperty rdf:ID="hasPreference">
        <rdfs:range rdf:resource="#Data"/>
        <rdfs:domain rdf:resource="#User"/>
        <rdf:type rdf:resource="&owl;ObjectProperty"/>
</owl:FunctionalProperty>
<owl:FunctionalProperty rdf:ID="Stores">
        <owl:inverseOf>
          <owl:FunctionalProperty rdf:ID="StoredIn"/>
        </owl:inverseOf>
        <rdf:type rdf:resource="&owl;InverseFunctionalProperty"/>
        <rdf:type rdf:resource="&owl;ObjectProperty"/>
        <rdfs:domain rdf:resource="#Device"/>
        <rdfs:range rdf:resource="#Data"/>
</owl:FunctionalProperty>
<owl:FunctionalProperty rdf:about="#StoredIn">
        <rdf:type rdf:resource="&owl;InverseFunctionalProperty"/>
        <rdf:type rdf:resource="&owl;ObjectProperty"/>
        <rdfs:domain rdf:resource="#Data"/>
        <rdfs:range rdf:resource="#Device"/>
        <owl:inverseOf rdf:resource="#Stores"/>
</owl:FunctionalProperty>
<owl:FunctionalProperty rdf:ID="isPresentedTo">
        <rdf:type rdf:resource="&owl;ObjectProperty"/>
        <rdfs:range rdf:resource="#User"/>
        <rdfs:domain rdf:resource="#Data"/>
</owl:FunctionalProperty>
<owl:FunctionalProperty rdf:about="#executedBy">
        <owl:inverseOf rdf:resource="#executes"/>
        <rdfs:domain rdf:resource="#AdaptationTask"/>
        <rdfs:range rdf:resource="#Service"/>
        <rdf:type rdf:resource="&owl;InverseFunctionalProperty"/>
        <rdf:type rdf:resource="&owl;ObjectProperty"/>
</owl:FunctionalProperty>
<owl:FunctionalProperty rdf:about="#hasService">
        <owl:inverseOf rdf:resource="#existIn"/>
        <rdfs:domain rdf:resource="#Device"/>
        <rdfs:range rdf:resource="#Service"/>
        <rdf:type rdf:resource="&owl;InverseFunctionalProperty"/>
        <rdf:type rdf:resource="&owl;ObjectProperty"/>
</owl:FunctionalProperty>
<owl:InverseFunctionalProperty rdf:about="#locatedIn">
        <rdfs:domain rdf:resource="#User"/>
        <rdfs:range rdf:resource="#Location"/>
        <rdf:type rdf:resource="&owl;ObjectProperty"/>
```

```
      <owl:inverseOf rdf:resource="#contains"/>
    </owl:InverseFunctionalProperty>
</rdf:RDF>

<!-- Created with Protege (with OWL Plugin 3.3.1, Build 430)
http://protege.stanford.edu -->
```

Annex III. Sample Data Instances

(From the scenario presented in section 1.2)

```xml
<?xml version="1.0"?>
<rdf:RDF
 xmlns:rdf="http://www.w3.org/1999/02/22-rdf-syntax-ns#"
 xmlns:owl="http://www.w3.org/2002/07/owl#"
 xmlns:xsd="http://www.w3.org/2001/XMLSchema#"
 xmlns:rdfs=http://www.w3.org/2000/01/rdf-schema#
 xmlns:adaOnto="http://~yfawaz/AdaptationOntology.owl"
 xml:base="http://~yfawaz/AdaptationOntologyInstances.owl"


<adaOnto:User rdf:resource="#Pascal">
 <adaOnto:hasUserLanguage>French</adaOnto:hasUserLanguage>
 <adaOnto:locatedIn rdf:resource="#Parc"/>
 <adaOnto:owns rdf:resource="#Laptop01"/>
</adaOnto:User>

<adaOnto:User rdf:resource="#Carlo">
 <adaOnto:hasUserLanguage>Italian</adaOnto:hasUserLanguage>
 <adaOnto:locatedIn rdf:resource="#Parc"/>
 <adaOnto:owns rdf:resource="#PDA01"/>
</adaOnto:User>

<adaOnto:User rdf:resource="#User03">
 <adaOnto:hasUserLanguage>French</adaOnto:hasUserLanguage>
 <adaOnto:locatedIn rdf:resource="#Parc"/>
 <adaOnto:owns rdf:resource="#PDA02"/>
</adaOnto:User>

<adaOnto:User rdf:resource="#User04">
 <adaOnto:hasUserLanguage>French</adaOnto:hasUserLanguage>
 <adaOnto:locatedIn rdf:resource="#Parc"/>
 <adaOnto:owns rdf:resource="#PDA03"/>
</adaOnto:User>

<adaOnto:User rdf:resource="#User05">
 <adaOnto:hasUserLanguage>English</adaOnto:hasUserLanguage>
 <adaOnto:locatedIn rdf:resource="#Parc"/>
 <adaOnto:owns rdf:resource="#SmartPhone01"/>
</adaOnto:User>

<adaOnto:User rdf:resource="#User06">
 <adaOnto:hasUserLanguage>German</adaOnto:hasUserLanguage>
 <adaOnto:locatedIn rdf:resource="#Parc"/>
 <adaOnto:owns rdf:resource="#PDA04"/>
</adaOnto:User>

<adaOnto:User rdf:resource="#User07">
 <adaOnto:hasUserLanguage>Spanish</adaOnto:hasUserLanguage>
 <adaOnto:locatedIn rdf:resource="#Parc"/>
 <adaOnto:owns rdf:resource="#Laptop02"/>
</adaOnto:User>
<adaOnto:User rdf:resource="#User08">
 <adaOnto:hasUserLanguage>Chinese</adaOnto:hasUserLanguage>
```

```
  <adaOnto:locatedIn rdf:resource="#Parc"/>
  <adaOnto:owns rdf:resource="#SmartPhone02"/>
</adaOnto:User>

<adaOnto:Network rdf:resource="#Bluetooth">
  <adaOnto:hasBandWith>5.5</adaOnto:hasBandWith>
</adaOnto:Network>

<adaOnto:Device rdf:resource="#PDA01">
  <adaOnto:connectedBy rdf:resource="#Bluetooth"/>
  <adaOnto:hasCPUav>0.9</adaOnto:hasCPUav>
  <adaOnto:hasMemorySize>Limited</adaOnto:hasMemorySize>
  <adaOnto:hasScreenWidth>Small</adaOnto:hasScreenWidth>
  <adaOnto:hasScreenHeight>Small</adaOnto:hasScreenHeight>
</adaOnto:Device>

<adaOnto:Device rdf:resource="#PDA02">
  <adaOnto:connectedBy rdf:resource="#Bluetooth"/>
  <adaOnto:hasCPUav>0.8</adaOnto:hasCPUav>
  <adaOnto:hasMemorySize>Sufficient</adaOnto:hasMemorySize>
  <adaOnto:hasScreenWidth>Small</adaOnto:hasScreenWidth>
  <adaOnto:hasScreenHeight>Small</adaOnto:hasScreenHeight>
</adaOnto:Device>

<adaOnto:Device rdf:resource="#PDA03">
  <adaOnto:connectedBy rdf:resource="#Bluetooth"/>
  <adaOnto:hasCPUav>0.7</adaOnto:hasCPUav>
  <adaOnto:hasMemorySize>Limited</adaOnto:hasMemorySize>
  <adaOnto:hasScreenWidth>Small</adaOnto:hasScreenWidth>
  <adaOnto:hasScreenHeight>Small</adaOnto:hasScreenHeight>
</adaOnto:Device>

<adaOnto:Device rdf:resource="#PDA04">
  <adaOnto:connectedBy rdf:resource="#Bluetooth"/>
  <adaOnto:hasCPUav>0.7</adaOnto:hasCPUav>
  <adaOnto:hasMemorySize>Limited</adaOnto:hasMemorySize>
  <adaOnto:hasScreenWidth>Small</adaOnto:hasScreenWidth>
  <adaOnto:hasScreenHeight>Small</adaOnto:hasScreenHeight>
</adaOnto:Device>

<adaOnto:Device rdf:resource="#Laptop01">
  <adaOnto:connectedBy rdf:resource="#Bluetooth"/>
  <adaOnto:hasCPUav>0.9</adaOnto:hasCPUav>
  <adaOnto:hasMemorySize>Sufficient</adaOnto:hasMemorySize>
  <adaOnto:hasScreenWidth>Large</adaOnto:hasScreenWidth>
  <adaOnto:hasScreenHeight>Large</adaOnto:hasScreenHeight>
</adaOnto:Device>

<adaOnto:Device rdf:resource="#Laptop02">
  <adaOnto:connectedBy rdf:resource="#Bluetooth"/>
  <adaOnto:hasCPUav>0.8</adaOnto:hasCPUav>
  <adaOnto:hasMemorySize>Suffucient</adaOnto:hasMemorySize>
  <adaOnto:hasScreenWidth>Large</adaOnto:hasScreenWidth>
  <adaOnto:hasScreenHeight>Large</adaOnto:hasScreenHeight>
</adaOnto:Device>

<adaOnto:Device rdf:resource="#SmartPhone01">
  <adaOnto:connectedBy rdf:resource="#Bluetooth"/>
```

```
  <adaOnto:hasCPUav>0.9</adaOnto:hasCPUav>
  <adaOnto:hasMemorySize>Sufficient</adaOnto:hasMemorySize>
  <adaOnto:hasScreenWidth>Large</adaOnto:hasScreenWidth>
  <adaOnto:hasScreenHeight>Large</adaOnto:hasScreenHeight>
 </adaOnto:Device>

 <adaOnto:Device rdf:resource="#SmartPhone02">
  <adaOnto:connectedBy rdf:resource="#Bluetooth"/>
  <adaOnto:hasCPUav>0.7</adaOnto:hasCPUav>
  <adaOnto:hasMemorySize>Sufficient</adaOnto:hasMemorySize>
  <adaOnto:hasScreenWidth>Large</adaOnto:hasScreenWidth>
  <adaOnto:hasScreenHeight>Large</adaOnto:hasScreenHeight>
 </adaOnto:Device>

 <adaOnto:TextSummarizationService rdf:resource="#TSumService01">
  <adaOnto:hasIdService>01</adaOnto:IdService>
  <adaOnto:hasInput>Doc</adaOnto:hasInput>
  <adaOnto:hasOutput>Doc</adaOnto:hasOutput>
  <adaOnto:executes rdf:resource="#TextSummarizationTask"/>
  <adaOnto:existIn rdf:resource="#PDA04"/>
 </adaOnto:TextSummarizationService>

<adaOnto:TextTranslationService rdf:resource="#TTraService02">
  <adaOnto:hasIdService>02</adaOnto:IdService>
  <adaOnto:hasInput>Doc</adaOnto:hasInput>
  <adaOnto:hasOutput>Doc</adaOnto:hasOutput>
  <adaOnto:executes rdf:resource="#TextTranslationTask"/>
  <adaOnto:existIn rdf:resource="#Laptop01"/>
 </adaOnto:TextTranslationService>

<adaOnto:TextToAudioService rdf:resource="#TToAudiService03">
  <adaOnto:hasIdService>03</adaOnto:IdService>
  <adaOnto:hasInput>Doc</adaOnto:hasInput>
  <adaOnto:hasOutput>Wav</adaOnto:hasOutput>
  <adaOnto:executes rdf:resource="#TextToAudioTask"/>
  <adaOnto:existIn rdf:resource="#PDA03"/>
 </adaOnto:TextToAudioService>

<adaOnto:TextSummarizationService rdf:resource="#TSumService04">
  <adaOnto:hasIdService>04</adaOnto:IdService>
  <adaOnto:hasInput>Txt</adaOnto:hasInput>
  <adaOnto:hasOutput>Txt</adaOnto:hasOutput>
  <adaOnto:executes rdf:resource="#TextSummarizationTask"/>
  <adaOnto:existIn rdf:resource="#SmartPhone02"/>
 </adaOnto:TextSummarizationService>

 <adaOnto:TextTranslationService rdf:resource="#TTraService05">
  <adaOnto:hasIdService>05</adaOnto:IdService>
  <adaOnto:hasInput>Doc</adaOnto:hasInput>
  <adaOnto:hasOutput>Doc</adaOnto:hasOutput>
  <adaOnto:executes rdf:resource="#TextTranslationTask"/>
  <adaOnto:existIn rdf:resource="#SmartPhone01"/>
 </adaOnto:TextTranslationService>

 <adaOnto:Text rdf:resource="#Text01">
  <adaOnto:hasSize>0.5</adaOnto:hasSize>
  <adaOnto:hasFormat>Doc</adaOnto:hasFormat>
  <adaOnto:hasContentLanguage>French</adaOnto:hasContentLanguage>
```

```
    <adaOnto:StoredIn rdf:resource="#Laptop01"/>
    <adaOnto:isPersentedTo rdf:resource="#Carlo"/>
  </adaOnto:Text>

  <adaOnto:Audio rdf:resource="#Audio01">
    <adaOnto:hasSize>01</adaOnto:hasSize>
    <adaOnto:hasFormat>Wav</adaOnto:hasFormat>
    <adaOnto:hasContentLanguage>English</adaOnto:hasContentLanguage>
    <adaOnto:StoredIn rdf:resource="#PDA02"/>
    <adaOnto:isPersentedTo rdf:resource="#Pascal"/>
  </adaOnto:Audio>

  <adaOnto:AdaptationTask rdf:resource="#TextSummarizationTask"/>
  <adaOnto:AdaptationTask rdf:resource="#TextTranslationTask"/>
  <adaOnto:AdaptationTask rdf:resource="#TextToAudioTask"/>
  <adaOnto:AdaptationTask rdf:resource="#AudioSummarizationTask"/>
  <adaOnto:AdaptationTask rdf:resource="#AudioTranslationTask"/>
  <adaOnto:AdaptationTask rdf:resource="#AudioToTextTask"/>
  <adaOnto:AdaptationTask rdf:resource="#ImageColorReductionTask"/>
  <adaOnto:AdaptationTask rdf:resource="#ImageResizingTask"/>
  <adaOnto:AdaptationTask rdf:resource="#ImageToTextTask"/>
  <adaOnto:AdaptationTask rdf:resource="#VideoSummarizationTask"/>
  <adaOnto:AdaptationTask rdf:resource="#VideoTranslationTask"/>
  <adaOnto:AdaptationTask rdf:resource="#VideoToAudioTask"/>

</rdf:RDF>
```

ÉDITIONS
UNIVERSITAIRES
EUROPÉENNES

Une maison d'édition scientifique

vous propose

la publication gratuite

de vos articles, de vos travaux de fin d'études, de vos mémoires de master, de vos thèses ainsi que de vos monographies scientifiques.

Vous êtes l'auteur d'une thèse exigeante sur le plan du contenu comme de la forme et vous êtes intéressé par l'édition rémunérée de vos travaux? Alors envoyez-nous un email avec quelques informations sur vous et vos recherches à: info@editions-ue.com.

Notre service d'édition vous contactera dans les plus brefs délais.

Éditions universitaires européennes
est une marque déposée de
Südwestdeutscher Verlag für
Hochschulschriften GmbH & Co. KG
Dudweiler Landstraße 99
66123 Sarrebruck
Allemagne

Téléphone : +49 (0) 681 37 20 271-1
Fax : +49 (0) 681 37 20 271-0
Email : info[at]editions-ue.com
www.editions-ue.com

www.ingramcontent.com/pod-product-compliance
Lightning Source LLC
LaVergne TN
LVHW042341060326
832902LV00006B/316